吉林通志

十

［清］長順　訥欽　修
［清］李桂林　顧雲　纂

吉林通志卷八十一

人物志十　金九

瓜爾佳沃哩布　温特赫富拉塔

烏雅呼爾喀　烏雅沃哩布

赫舍哩呼喇　烏蘇額琳

延札們都　布薩歡塔

烏庫哩薩哈　誕延温都思忠

白彥敬　烏雅富埒赫

烏雅普霞努札拉　富察鄂倫

瓜爾佳呼喇　瓜爾佳札拉

瓜爾佳沃哩布（原作夾谷吾里補）南圖琿（原作暗吉渾）河人徙天德父温屯（原作兀屯）討烏春烏木罕（原作窩謀罕）有功沃哩布隸羅索（原作婁室）帳下攻係遼女直招降達哈藩昭蘇（原作太彎照三）等（金史本傳）從救烏楞古（原作斡魯古）於威州敗遼兵於雅勒呼（原作押魯虎）城其軍營遼水乘夜引五穆昆軍擊之遼軍驚潰殺獲幾盡從伐高永昌預伏四十騎於要津以數騎奮擊於遼水之上獲其生口盡知虛實太祖嘉之賞奴婢八人永昌駐軍於兔兒堝先據津要軍不得渡沃哩布與薩巴（原作撒八）射殺其先鋒二人敵衆稍卻大軍遂渡遼水及攻廣甯復與持嘉和木

歡(原作赤盞忽沒渾)各領所部突入其陣大軍繼之遂拔廣甯攻臨潢面被重創奮擊自若賞以遼宮女二人(宏簡錄)遼王杲已取中京令引四十騎覘敵獲遼喉舌人因知遼主所在後從都統斡魯定雲中從宗翰屯應州遼軍在近境將所部擊敗之宗望伐宋宋安撫使蔡靖詣沃哩布降(金史本傳)羅索攻陝西諸部復叛復攻敗之與張浚戰富平皆先登宗輔賞以金器名馬後爲先鋒攻下蘭州城加昭武大將軍授世襲明安累官布塔布(原作孛特本)部族節度使以老致仕封莒國公沃哩布生平多智略膂力過人雖老勇健不衰大定

初劇賊嘯聚出特布（原作圖鄂）關輒率鄉里年少逆擊之賊黨潰去事聞賞賚甚厚（宏簡錄）二十六年卒一百有五歲（金史本傳）

温特赫富拉塔（原作温迪罕蒲里特）隆州伊蘭明安（原作移离閔河）噶勒珠（原作胡勒出）寨人也魁梧美髯有謀略以智勇聞都統杲取中京富拉塔權明安領軍五千遇契丹萬餘與戰敗之出恭古魯（原作袞古里）道敗敵八千餘至拉搠華（原作臘門華）道復以伏兵敗敵萬人太祖定燕自儒州至居庸關執其喉舌人有頃賊三千餘人復寇拉搠華道富拉塔整隊先登賊識其旗幟望風而遁遂奮

擊之親執賊帥天會六年史作皇統元年依詳校本改從梁王宗弼伐宋留軍唐州敵衆奄至富拉塔擊之大名軍四千號二十萬富拉塔率親管明安身先士卒衝擊敵少卻乃張左右翼併擊之敵衆散走而別遇兵二萬來援復以兵三千擊走之時邳州土賊嘯聚幾二十萬富拉塔軍三千分爲數隊急攻之賊潰去汴京路史作南京路依詳校本改遇敵軍二萬以軍三千擊敗之是日有兵自城中出者復擊敗之皇統二年遷定遠大將軍同知鳳翔尹六年改京兆尹轉甯州刺史改西北路招討都監遷永定軍節度使海陵南征改武衛軍都

總管大定三年授開遠軍節度使改泰甯卒子烏達原作兀帶十九年以功授武功將軍本明安希楚哈原作奚楚痕世襲穆昆宏簡錄烏雅呼爾喀原作烏延胡里改海蘭原作孩懶路錫馨原作星顯水人也後授愛呼原作愛也窟水穆昆因家焉從棟摩原作闍母圍平州有功及伐宋圍汴五穆昆與宋兵萬人遇於城南呼爾喀先馳擊敗之元帥府遂賞良馬一匹五年攻宗城縣敵棄城走恩州追殺千餘人獲車四百輛帥府賞牛三十頭馬一匹七年討泰山羣盜平之毀其營柵兖州羣盜三千餘保據山險復破之賞牛二

三

十二頭馬四匹八年攻廬州至柘皐鎮領甲士三十爲前鋒執宋所遣持書與劉四廂錡者七人復以先鋒攻和州比至含山縣五里獲甲士二人乃知宋三將將兵且至亟伏其軍遂獲姚觀察金史本傳呼爾喀以屢獲生口沃里布傳帥府賞馬二匹九年定陝右以所部遇敵千人敗之生擒甲士得敵虛實二語依宏簡錄又從富埒琿原作蒲盧渾徇地熙秦敗敵兵二千於秦州賞馬一匹宋八屯襄陽監軍阿巴原作按補遣領四明安往攻之宋兵三千已渡江方營壁壘乘其未就突戰破之梁王宗弼復河南將攻陳州遣引甲士三十捕偵候人

至蔡州西遇兵八十餘戰敗之獲南頓縣令及攻陳州夜將四更忽聞敵開門潰走即領二穆昆軍追及之而明安托克索（原作突葛速）亦領軍至大敗之皇統二年遷定遠大將軍八年授臨洮少尹兼熙秦路兵馬副都總管九年改同知京兆尹兼本路兵馬都總管天德間改同知平陽尹兼河東南路兵馬都總管貞元三年改同知海蘭路總管大定四年授呼爾哈（原作胡里改）節度使七年改歸德（史作順德依詳校本改）十年移鎮顯德卒官年六十九子五十六十九年詔授武功將軍依富拉塔宏（簡錄傳文）世襲本路博多和（原作婆朵火）河穆昆（金史本傳）

四

烏雅沃哩布（原作烏延吾里補）海蘭（原作孩懶）路禪嶺人也從大名路（金史本傳）天會中從其父達希布（原作達吉補）隸右監軍達蘭（原作撻懶）麾下因從赴闕領父穆昆從攻滄州方夷湟濠城中兵來拒擊卻之（宏簡錄）王師下青州力戰有功獲馬百匹以獻降賊黨甚衆（本傳）青州戍將德克濟布（原作覿吉補）攻萊州請濟師帥府遣將十二穆昆兵以往降其四營攻拔一營得戶四十又敗賊兵五萬於恩州攻破其營降戶五萬牛畜萬餘將至臨清敗敵兵三千俘獲甚衆生擒賊首帥府嘉其功賞以奴婢百牛三十（宏簡錄）時德克濟布敗於恩州之境以兵四

千往救之破敵萬餘宋兵十萬在單父間總管宗室伊楞古原作移刺屋選步卒一萬騎兵四千往討之沃哩布領其親管穆昆以從遇敵先登力戰有功大軍經略密州將兵二千爲前鋒遇敵萬人於高密遂破其衆追至城下殺戮殆盡獲馬牛三千餘復與伯騰原作孛太欲敗賊王義軍十餘萬於州南是夜賊兵數千來襲營以兵横擊走之後隨大軍攻楚揚通泰等州天眷二年襲其父世襲明安授甯遠大將軍皇統七年益以親管穆昆天德三年除同知歸德尹正隆初爲唐古部族節度使大定二年爲保大軍節度使是歲

改鎭通遠是時宋軍十餘萬入河隴據險要攻郡邑元帥左都監喀齊喀（原作合喜）奏益兵詔益兵七千遣沃哩布與彰化軍節度使宗室璋等七人偕往以備任使進階龍武衛上將軍卒於軍中（金史本傳）

赫舍哩呼喇（原作紇石烈胡剌）輝發（原作晦發）川阿敦（原作奄敦）河人徙西北路識契丹字爲帥府小吏梁王宗弼復陝西久不通問睿宗在燕京遣呼喇往候之是時宗弼自鳳翔攻和尚原使呼喇覘彼中地形修道築城十二年往濱州密訪南邊事體及觀劉豫治齊狀盡得其虛實睿宗甚嘉之皇統初從宗弼渡淮及下廬和二

州大破張浚韓世忠等軍遣呼喇馳奏賞以金盂重綵五端絹七匹七年授同知景州軍州事以廉加忠武校尉天德初以監察御史分司行臺歷同知濟州防禦使事入爲監察御史秩滿再任大定二年遷刑部員外郎與御史大夫白彥敬原作約索往西北部族市馬累轉泗州防禦使三遷扶餘原作蒲與路節度使移甯昌軍卒金史本傳

烏蘇額琳原作烏孫訛論善騎射襲父薩哈原作撒改穆昆從攻蒙克原作蒙适攻東京及廣甯擊北京山賊皆有功蕭布展原作霸哲來攻恩州額琳以六十騎偵之逮夜遇敵數

百騎掩擊之生獲三人知布展眾九萬且至 金史本傳 亟語蒙克為備遂破布展 宏簡錄 天會六年 太宗紀 從宗望伐宋破尉氏中牟援兵弁取其城還以兵百五十破敵一千於滄州西明年再舉蒙克戍開州額琳以騎四百守河復敗千餘人斬首七百宗弼渡淮聞王善兵扼其前使額琳率兵二千破之和州北李成兵七萬又據烏江直前敗之宗弼遂渡江至江甯 宏簡錄 十五年沂州寶防禦叛額琳敗之獲寶防禦錄前後功授明安加昭武大將軍宗弼再取河南額琳以五十騎敗楊家賊五百於徐州東以功受賞不可勝計天

德二年除唐州刺使移淄州遷寶壘（原作石壘）部族節度使行至北京病卒（金史本傳）

延扎們都（原作顏盞門都）隆州巴爾佳（原作帕里干）山人也身長美鬚髯天會間從其兄洋阿（原作羊艾）在軍中方取汴京其兄戰歿遂擐甲代其兄充軍睿宗定陝右以們都爲佛寗（原作蒲輦）隸監軍杲親管萬戶攻饒風關至坊州杲欲與總管富勒呼（原作蒲魯虎）會於鳳翔遣們都領六十騎先往期會及還備得地形險阨賞銀五十兩其後宗弼駐軍山東遣人詣陝西特召至令齎廢齊及安撫百姓詔書往諭監軍杲既還賞以良馬銀絹事

畢復遣從杲天眷初叛將定國軍節度使李世輔僞邀杲至私署以獻甲爲名遂以兵執刼而去們都突出以告押軍明安完顔達蘭原作撻懶同率兵追及首先與戰杲由此得脱以功遷明威將軍復從杲招復陝西進至鳳翔齊國初廢諸路多反覆不一杲授們都牌劄令往撫定所至多張甲兵從者安之違者討之帖然無復叛者杲甚嘉之皇統初授廣威將軍四年授同知通遠軍節度使事改知保安軍事天德三年爲丹州刺史兼知軍事正隆初爲甯州刺史大定初宋將吳璘等以軍數十萬人據秦隴元帥府承制以

爲勇烈軍都總管領軍討之宋人保據德順都監喀齊喀（原作合喜）遣武威軍副都統瓜爾佳扎拉（原作夾谷查剌）會宗室璋議征討之策們都曰都監親至敵必退矣喀齊喀領軍四萬來赴遂復德順明年秦隴平以功遷金吾衛上將軍授通遠軍節度使五年改慶陽尹兼本路兵馬都總管卒們都賦性忠厚謹慤安置營壁尤能愼密有敵忽來雖矢石至前泰然自若迺號令士卒如平時由是人益安附而功易成焉十九年錄功以子祿格（原作六哥）世襲本路海蘭烏珠（原作曷懶兀朮）明安都掄赫辰（原作敵魯論窟申）穆昆授武功將軍（金史本傳）

布薩歡塔[原作僕散渾坦]扶餘路嘉們[原作挾懣]人也身長七尺勇健有力善騎射年十六從其父和木索[原作胡沒速]征伐初授修武校尉爲宗弼章京天會二年[金史本傳]從宗弼伐宋[富拉塔傳]歡塔領六十騎深入覘伺至鄢陵敗宋護糧軍七百餘人多所俘獲皇統九年除燕州刺史再遷利涉軍節度使授世襲濟州和卓海蘭[原作和朮海鸞]明安舍哩斡實[原作涉里斡設]穆昆貞元初以憂去官起復舊職歷泰甯永武軍改咸平尹海陵殺歡塔弟樞密使呼圖[原作忽土]召歡塔至南京既見沈思久之謂之曰汝有功舊不因呼圖得官以此致罪甚可憐憫遂釋

之改興平軍節度使世宗即位以爲廣甯尹斡罕（原作窩斡）反爲行軍都統與海蘭路總管圖克坦（原作徒單）克甯俱在左翼敗斡罕於長濼改臨潢尹賊平賜金帛改海蘭路兵馬都總管徙顯德軍慶陽尹致仕大定十二年上思舊功起爲利涉軍節度使復以金紫光祿大夫致仕卒年七十二歡塔歷一十七官未嘗爲佐貳性沈厚有識雖未嘗學問明於聽斷所至有治聲云（金史本傳）

烏庫哩薩哈（原作烏古論三合）海蘭（原作曷懶）路愛呼（原作愛也窟）河人也後從眞定睿宗爲右副元帥聞薩哈勇略選充

章京後從宗弼征伐補麴院都監來幾從伐宋與宋兵遇於潁州薩哈先登破之皇統元年領漢軍千戶帥府再以軍四千隸焉除同知鄭州防禦使再遷太子少詹事大定六年改洺州防禦使上曰卿昔事睿宗積勞苦逮事朕輔佐太子宣力多矣今典名郡所以勞卿也遷永定軍節度使歷臨潢鳳翔尹陝西路統軍使東平尹節制州郡躬行儉約政先寬簡邊庭久甯人民獲安召爲簽書樞密院事卒十八年世宗追錄舊勞授其子大興河北西路愛河世襲明安阿里瑪（原作阿里門）河穆昆階武功將軍（金史本傳）

誕延温都（原作耨盌温敦）思忠本名伊里布（原作乙剌補）阿卜薩（原作阿補斯）水人太祖伐遼是時未有文字凡軍事當中覆而應密者諸將皆口授思忠面奏受詔還軍傳致詔辭雖往復數千言無少誤及遼人議和思忠與烏淩阿（原作烏林答）贊謨（原作謀）往來專對其間號扎拉（原作閘剌）扎拉者漢語云行人也自收國元年正月遼人遣僧嘉努（原作僧家奴）來使者三往反議不決使者薩喇（原作撒剌）至遼遼人殺之遼主自將至圖們（原作駝門）大敗歸復遣使議和太祖使呼圖克昆（原作胡突衮）往書曰若不從此呼圖克昆但送至界上或如薩喇殺之惟所欲者天

輔三年六月遼大册使太傅寶納哷原作習泥烈契丹志作蕭習烈以册璽至上京一舍先取册文副錄閱視文不稱兄不稱大金稱東懷國太祖不受使宗翰宗雄宗幹希尹原作古新定册文義指楊朴潤色和碩台阿薩爾原作鶻實答阿撒高慶裔譯契丹字使贊謨與寶納哷偕行金史本傳

先是楊朴勸國主遣人詣天祚求封册大金國志其事有十徽號大聖大明皇帝一也國號大金二也玉輅三也袞冕四也玉刻御前之寶五也以弟兄通問六也生辰正旦使使七也歲輸銀絹二十五萬疋兩分南宋歲賜之半八也割遼東長春兩路九也送還女直

趙三阿鶻產大王十也契丹志天祚付東北面大臣議遂遣使備袞冕之服册爲東懷國皇帝國主召朴等覯驗以儀物不純用天子之制大怒欲斬其使諸將爲謝乃解尋遣還邀令稱大金皇帝兄不然則提兵取上京矣大金國志贊謨至遼見遼人再撰册文復不盡如本國旨意欲見遼主自陳閽者止之贊謨不顧直入閽者相與搏擑折其信牌遼人懼遽遣贊謨歸太祖再遣贊謨如遼遼人前後十三遣使和議終不可成太祖自將遂克臨潢其後伐宋思忠從宗翰封劉豫爲齊帝思忠爲傳宣使俄授穆昆從宗弼克和尚

原還爲同知西京留守事天眷初改蒲州防禦使元帥府在陝西者其官屬往往豪壓貧民爲奴起遣工匠千八東來至河上思忠留止其人以聞詔皆還之爲尚書左丞是時贊謨爲行臺參知政事思忠黷貨無厭贊謨鄙之兩人由是交惡海陵殺左丞相秉德於行臺贊謨妻秉德乳母也思忠因搆贊謨殺之是歲思忠爲尚書右丞俄進平章政事封鄀國公進拜左丞相兼侍中封沂國公貞元元年史作天德依致詳校本改仕二年十月海陵牵三品以上官幸思忠第使以家人禮見謂思忠曰卿神氣康實習先朝舊事舍卿無

能知者當爲朕起共治國政對曰君之命臣敢不敬
從但恨老病疎謬無以塞責耳遂命思忠乘馬從入
宫拜太傅領三省事封齊國王尋拜太師兼勸農事
已而罷中書門下省不置領三省事置尚書令位丞
相上思忠爲尚書令置散從八人聽隨至宫省奏對
賜坐海陵欲定封爵制度風思忠建白封王者皆降
封異姓或封公或一品二品附惟思忠封廣平郡王
賜以玉帶思忠言百官不當封妻海陵從之惟封思
忠次室爲郡夫人而思忠亦自謂太祖舊臣頗自任
雖海陵遂非拒諫而思忠盡言無所避將伐宋問諸

大臣皆不敢對思忠曰不可海陵不悅謂曰汝勿論可否但云何時克之思忠曰以十年爲期海陵曰何久也朞月耳思忠曰太祖伐遼猶且數年今百姓愁怨師出無名江淮間暑熱湫溼不堪久居未能以歲月期也海陵怒顧左右若欲取兵及者思忠無所畏恐復曰老臣歷事四朝位至公相苟有補於國家死亦何憾有頃海陵曰自古帝王混一天下然後可爲正統爾耄夫固不知此汝子伊德原作乙迭識書可往問之思忠曰臣昔見太祖取天下此時豈有文字耶臣年垂七十更事多矣彼乳臭子安足問哉海陵旣不

用思忠言運四方甲仗於中都思忠曰州郡無兵何以備盜賊海陵盡籍丁壯爲兵思忠曰山後契丹諸部恐未可盡起皆不聽其後州郡盜起守令不能制契丹薩巴原作撒八斡罕原作窩斡果反期年乃克之當是時海陵伐宋祁宰諫而死張浩進言被杖思忠見疎孔彥舟畫策先取江淮他無及者正隆六年思忠薨年七十三海陵深悼惜之親臨奠賻贈加等賜金螭頭車使者監護給道路費金史本傳子伊德累官御史中丞

伊德傳

姪烏達原作兀帶天會間充女直字學生學問通達觀書史工爲詩選爲尚書省令史累官同知大興尹

京師盜賊止息事無留滯再遷刑部尚書改定海軍節度使除兵部尚書改吏部正隆伐宋爲定武軍都總管世宗卽位遣使召之授咸平尹爲北邊行軍都統改會甯尹都統如故是時初定斡罕人心未安烏達爲治寬簡多備禦謹斥候邊郡以甯改北京留守以廉察舉烏達所在有能名無私過入拜參知政事薨年四十七賻銀千兩重綵四十端絹四百疋敕有司致祭久之上謂侍臣曰故參知政事烏達爲人忠直後進中有能及之者朕樂得忠直之人有如烏達輩者乎卿等爲朕舉之其見思如此烏達本傳大定十二

年上謂宰臣曰贊謨忠實剛毅雖古人無以過與思忠有隙遂勸海陵殺之金史本傳死非其罪希尹傳詔復爲浚阿贊謨官爵贈特進金史本傳

白彥敬本名約索原作遥設博勒和原作婆盧火部族人初名彥恭避睿宗諱改焉祖額布根原作屋僕根父阿蘇原作阿斯仕遼爲率府率彥敬善騎射起家爲吏補元帥府令史伐宋爲錢帛司都管勾立三省選爲尚書省令史除都元帥府知事招諭諸部授以金牌行數千里有功超遷兵部郎中熙宗罷統軍司改招討司遣彥敬分僚屬收牌印諭諸部隸招討司還爲本部侍郎遷

大理卿出爲通州防禦使改刑部侍郎怨家告誣開府愼思與西北路部族謀叛彥敬鞫得其實海陵嘉之遷樞密院事以便宜措置邊防正隆六年調諸路兵伐宋及調民馬使彥敬主會甯扶餘（原作蒲與）呼爾哈（原作活羅海）三路事改吏部尙書充南征萬戶遷樞密副使（金史本傳）契丹薩巴（原作撒八）反屢討無功（宏簡錄）以彥敬爲北面行營都統與副統赫舍哩（原作紇石烈）志甯以便宜往賜御服皮襖行至北京聞南征諸軍逃歸者皆奔東京欲推戴世宗彥敬與志甯謀陰結會甯尹完顏富色里（原作蒲速賚）利涉軍節度使通吉義以圖之世宗

已即位使舒穆嚕（原作石抹）伊德（原作乙迭）移喇赫伯（原作移剌痕孛）等九人招彥敬志甯彥敬拒之使伊德跪不屈皆殺之及完顏默音（原作謀衍）將兵攻北京彥敬使偏將率兵拒於建州之境而通吉義先歸世宗富色哩稱疾不至世宗密遣人乘夜揭榜於北京搆以官賞彥敬志甯恐爲人圖已遂降（金史本傳）世宗問曰正隆暴虐人望既絕朕以太祖之孫即大位汝殺我使者又不能爲正隆死節恐爲人所圖然後來降朕今殺汝將何辭彥敬未有以對志甯前奏曰臣等受正隆厚恩所以不降罪當萬死上曰汝輩初心亦可謂忠於所事自

今事朕宜勉忠節志甯傳遂釋弗殺本紀以爲哈斯罕原作曷蘇館節度使不數月召爲御史大夫斡罕原作窩斡僭帝號諸軍馬疲弱遣彥敬往西北路招討司市馬得六千餘匹斡罕敗西走山後完顏思敬以新馬三千備追襲彥敬屯於夏國兩界間斡罕平召爲兵部尚書出爲鳳翔尹改太原尹兼河北東路兵馬總管尋改河中尹大定九年卒官金史本傳

烏雅富埒赫原作烏延蒲离黑卒賓速頻原作路卓多哲特原作明安人改屬海蘭原作合懶路祖色埒原作思列預平烏春烏木罕原作謀罕之亂及伐遼宋皆有功追授明安贈銀青光

祿大夫父古頁（原作國也）襲明安富埒赫從太祖伐遼勇聞軍中天眷三年襲明安授甯遠大將軍累官武甯軍節度使遷京兆尹海陵伐宋行武威軍都總管軍還爲順義軍節度使圖克坦喀齊喀（原作合喜）定秦隴富埒赫將完顏實納埒（原作習泥烈）延扎們都（原作顏盞門都）兵救德順州改延安平凉尹致仕封任國公大定十九年卒（金史本傳）

烏雅普霞努（原作烏延蒲轄奴）率賓（原作速頻）路錫馨（原作星顯）河人也後改隸海蘭（原作合懶）路父呼實罕（原作忽撒渾）天輔初追授明安親管穆昆普霞努身長有力多智略襲其父

明安穆昆階甯遠大將軍天德二年授陳州防禦使以善撫綏再任海陵南征改歸德尹爲神策軍都總管當屯濟州比至山東盜已據其城普霞努領十餘騎往覘之忽爲其衆所圍乃與軍士皆下馬立而射之殺百餘人賊衆敗走迪邇襲之至暮而還明日攻破其城號令士卒毋害居民郡中獲安民感其惠爲立祠以致祭大定二年爲慶陽尹金史本傳以救德順卒於軍年六十一贈銀青光祿大夫宏簡錄子扎拉金史本傳

烏雅扎拉原作烏延查剌普霞努子也金史本傳力兼數人勇果無敵左右手持兩大鐵簡皆重數十斤號鐵簡萬戶

正隆六年契丹瓜里原作括里陷韓州圍信州遠近震駭時因伐宋州縣無備扎拉道出咸平率本部兵亟還信州與戰敗之已而賊復整兵環攻且登其城扎拉下巨木壓之殺賊甚衆瓜里乃解去追及於韓州東八里許身率鋭士揮鐵簡左右擊之無不僵仆賊方就平野爲陣不能成列遂大敗遁走東京咸平隆州民復帖然宏簡錄　世宗即位扎拉謁見充護衛爲驍騎副都指揮使領萬戸擊斡罕原作窩斡戰於和托原作花道大軍未集托拉在左翼領六百騎與賊戰殺三千餘人宗敘史作宗亨依詳校本改　富察原作蒲察世傑七穆昆戰不利世

傑走扎拉軍賊合圍攻之扎拉圍拒而戰宗亨來援賊乃退西過諾爾嶺（原作臬嶺）追及於陷泉賊先犯右翼扎拉迎擊之賊退走斡罕募人刺之僞護衛阿卜薩（原作阿不沙）身長有力（金史本傳）奮大刀自後來斫扎拉回顧擊以簡背折阿卜薩右臂（宏簡錄）與赫舍哩（原作紇石烈）志甯軍合擊賊遂大敗斡罕平以爲宿直將軍賜銀三百兩重綵二十端丁父憂以本官起服襲其父明安除蔡州防禦使改宿州遷昌武軍節度使徙鎮邠州爲賀宋歲元使射淮上柳樹矢入其樹飲羽宋人素聞其名甚異之（金史本傳）由是以神射名天下（中州集詩註）改

鳳翔尹入爲右副點檢出爲興中尹改博索（原作婆速）路總管高麗憚其威名凡以事至博索路者望見而跪之二十五年爲興平軍節度使卒官扎拉貞慤寡言平居極和易及臨戰奮勇見者無不辟易雖重圍萬衆出入若無人之境云（金史本傳）

富察鄂倫（原作蒲察斡論）上京伊蘇（原作益速）河人徙臨潢祖歡托和（原作忽土華）父穆遜（原作馬孫）俱贈金紫光祿大夫鄂倫剛毅有技能天輔初以功臣子充護衛遷左衛將軍定武軍節度使召爲右副點檢天德初授世襲臨潢府路赫嚕錫蘭（原作曷呂斜葛）明安改東平尹賜錢千萬累

除河南尹海陵伐宋以本官爲右領軍都監大定二年仍爲河南尹兼河南路統軍使宋以萬人據壽安縣嵩州刺史舒穆嚕圖喇原作石抹突剌紀作舒穆嚕珠德勒押軍萬戶圖克坦薩布以巡兵三百遇於縣東請師於鄂倫鄂倫使明安完顏呼沙呼原作忽沙渾率七百人助之宋兵多圖喇使士卒下馬跪而射之宋兵不能當走入縣城圖喇進逼之宋人棄城去追及於鐵索口復大敗之金史本傳二月丙辰世宗紀遂復壽安改北京留守大定尹卒官金史本傳

瓜爾佳呼喇上京桑阿原作宋葛屯明安人初在左副元

帥達蘭（原作撻懶）帳下以功授武德將軍襲其父穆昆正隆末山東盜起呼喇爲行軍明安討賊遇賊千五百人於徐州南敗之山東路統軍司選諸軍八百人作十穆昆呼喇將之與驍騎軍皆隸點檢司行至淮南海陵遣以騎兵三百二十往揚州敗宋兵於宣化鎮布薩忠義伐宋呼喇領萬戶由泗州進戰遇敵於宿州歿於陣贈鎮國上將軍（金史本傳）

瓜爾佳扎拉（原作夾古查剌）隆州實霞庫（原作失撤古）河人父實訥官工部尙書（實訥傳作納爾渾河人）自有傳（三字依詳校本增）扎拉狀貌魁偉善女直契丹書天德初以功臣子充護衛

二年授武義將軍未幾擢符寶郎凡再考出爲灤州刺史改知平定軍事海陵南征爲武威軍副都總管軍還大定二年改授景州刺史遷同知京兆尹金史本傳議破吳璘語在合喜們都傳德順旣下宏簡錄入爲殿前右衛將軍襲父明安改左衛將軍遷右副點檢有疾丞相艮弼視之謂所親曰此人國器也他人有疾吾未嘗往焉九年出爲東北路招討使兼德昌軍節度使仍賜金帶到官治有勤績邊境以安其斷獄公平道不拾遺遷臨潢尹兼本路兵馬都總管蕃部畏服改西北路招討使上遣使宣諭曰今諸部初附命

汝撫綏當使治聲達於朕聽十二年卒扎拉性忠實內明敏每論大事超越倫輩太師勖嘗曰扎拉不學而知方之古人如此才鮮矣金史本傳

吉林通志卷八十二

人物志十一　金十

內族襄　完顏安國

圖克坦鎰　鄂屯襄

瓜爾佳錫爾格　完顏阿里巴斯

完顏特爾格　納塔謀嘉

赫舍哩　富察思忠

呼寶默　瓜爾佳實倫

內族襄本傳作丞相襄依詳校本改本名安原作唵昭祖五世孫也祖實古納原作習古迺上京世襲明安金史本傳自有傳薩哈傳

襄幼有志節善騎射多勇略年十八襲爵大定初以本部兵從默音原作謀衍討契丹斡罕原作窩斡戰於肇州之長濼襄先登壘擊七戰皆勝足中流矢裹創而鬬奮氣愈厲默音握其手曰今日之捷皆公力也賊走霧鬆河追及之所駐地多草賊乘風縱火襄立空地以族戰十餘合賊益困襄勸默音今不乘此殄滅後將有悔默音不從已乃復從布薩原作僕散忠義追賊至陷泉率左翼傳作右翼依詳校本改身先奮擊賊大潰人馬相蹂而死陷泉幾平論功第一宏簡錄有司擬淄州刺史詔特授亳州防禦使時年二十三宋人犯南鄙襄爲潁

壽都統率甲士二千人渡潁水敗敵兵五千復潁州擒宋帥楊思次濠州宋將郭太尉退保横澗山襄攻之伏弩射中其膝督攻愈急拔之獲郭太尉既而趨滁州襄爲先鋒將至清流關得宋偵者知敵欲三道夜出掩我不備左副元帥赫舍哩原作紇石烈志甯問計襄曰今兵少地險儻不得關敵至我無所據必先取之曰我與若孰往襄曰元帥國家大臣詎宜輕動襄當爲公往取志甯韙之襄率騎二千分二道一由衡路自以千兵間道潛登既近敵始覺襄攻克之據其關志甯履行戰地顧謂曰克敵於不可勝之地眞天

下英傑也及宋乞盟班師召爲拱衛直都指揮使改
殿前右衛將軍轉左衛出爲東北路招討都監遷率
賓原作速頻路節度使移海蘭原作曷懶路兵馬都總管金史本傳
會志甯疾甚世宗臨問薦襄智勇兼濟有經世才他
人莫及異時任用殆勝於臣即召授殿前左副都點
檢宏簡錄爲宋生日使宋方祈免親接國書襄至宋人
屢來議皆折之迄成禮而還授陝西路統軍使賜之
尚服廄馬鞍勒佩刀改河南統軍使入爲吏部尚書
轉都點檢賜錢千萬世宗謂宰執曰襄爲人甚蘊藉
非直日亦入宫規畫諸事事有所付乃退其公勤如

此若襄之才豈多得哉擢御史大夫踰月拜尚書右
丞諭之曰卿在河南經制邊事甚有統紀及在吏部
至爲點檢尤奉公守法朕甚嘉之近長憲臺亦以剛
直聞是以委以機政史作政機依詳校本移改其益勉之未幾進
拜左丞襄在外任治有異效至是朝廷以襃賞廉吏
詔天下列其名以示獎勵二十三年進拜平章政事
封蕭國公世宗以金源郡王世嫡皇孫將加王爵詔
擇國號襄曰爲天下大計必先正其本原者本也請
封原從之故事諸部族節度使及其僚屬多用乣人
而頗有私縱不法者議改用諸色人襄曰北邊雖無

事恆須經略之若杜此門其後有勞績何以處之請如舊他日議及古有監軍之事襄曰漢唐初無監軍將得專任故戰必勝攻必克及叔世始以内臣監其軍動爲所制故多敗而少功若將得其人監軍誠不必置並嘉納之詔受北部進貢使還世宗問邊事具圖以進因上羈縻屬部鎮服達實（原作大石）之策詔悉行之進右丞相徙封戴世宗不豫與圖克坦（原作徒單）克甯平章政事張汝霖宿内殿同受顧命章宗初即政議罷僧道奴婢太尉克甯奏曰此蓋成俗日久若遽更之於人情不安陛下如惡其數多宜嚴立格法以防

濫度則自少矣襄曰出家之人安用僕隸乞不問從初如何所得悉放爲良若寺觀物力元係奴婢之數推定者並合除免詔從襄言金史本傳初遼以良民爲二稅戶輸稅於寺歲久皆以爲奴至是盡釋爲良李晏傳凡一千七百餘戶萬三千九百餘口食貨志明昌元年同知棣州防禦使亶上封事歷詆宰執太傅克寧奏亶所言襄預知之於是詔亶還本明安而襄出知平陽府事移知鳳翔歷西京留守召授同判大睦親府事進樞密使復拜右丞相改封任金史本傳屬邊事急命代清臣將佩金牌便宜從事臨宴慰遣賜以安山細

鎧及戰馬二宏簡錄時呼必原作胡疋乣亦叛嘯聚北京臨潢之間襄至遣人招之卽降遂屯臨潢頭之出師大盬濼復遣右衛將軍完顏充進軍烏魯斯原作斡魯速城欲屯守俟隙進兵繪圖以陳議者異同卽召面諭厚賜遣還未幾密詔進討乃命支軍出東道襄由西道而東軍至龍駒河爲準布原作阻轐所圍三日不得出求援甚急或請俟諸軍集乃發襄曰我軍被圍數日馳救之猶恐不及豈可後時卽鳴鼓夜發或請先遣人報圍中使知援至襄曰所遣者倘爲敵得使知我兵寡而糧在後則吾事敗矣乃益疾馳遲明距敵近衆

請少憩襄曰吾所以乘夜疾馳者欲掩其不備爾緩則不及鶻晨壓敵突擊之圍中將士亦鼓譟出大戰獲輿帳牛羊眾皆奔斡勒嘉原作斡里札河遣完顏安國追躡之眾散走會大雨凍死者十八九降其部長遂勒勳九峰石壁捷聞上遣使厚賜以勞之别詔許便宜賞賚士卒九月赴闕拜左丞相監修國史封常山郡王宴慶和殿上親舉酒飲解所服玉具史作貝依詳校本改佩刀以賜俾卽服之十月準布復叛襄出屯北京會羣牧使契丹德壽大金志作得壽圖卜蘇原作陁鎖等據信州叛僞建元曰身聖金史本傳以毛尾爲大帥主大金國志眾號數

十萬遼近震駭襄閑暇如平日人心乃安初襄之出鎮也至石門鎮密謂僚屬曰北部犯塞奚足慮第恐奸人乘隙而動北京近地軍少當預爲之備即遣官發上京等軍六千至是果得其用臨潢總管烏庫哩原作烏古論道遠咸平總管富察原作蒲察守純分道進討擒德壽等送京師契丹之亂廷臣議罷郊祀又欲改用正月上辛上遣使問之對曰郊爲重禮且先期詔天下又藩國已報表賀今若中罷何以副四方傾望之意若改用正月上辛乃祈穀之禮非郊見上帝之本意也大禮不可輕廢請決行之臣乞於祀前滅賊既

而賊破果如所料郊禮成進封南陽郡王始討契丹自龍虎衞上將軍節度使以下許承制授之襄以爲賞罰之柄非人臣所預不敢奉詔賊平請委近臣諭旨將士使知上恩乃遣李仁惠持宣三十敕百五十視功給之方德壽之叛諸乣亦剽略爲民患襄慮其與之合乃移諸乣居之近京地撫慰之或曰乣人與北俗無異今置內地或生變奈何襄笑曰乣雖雜類亦我之邊民若撫以恩焉能無感我在此必不敢動後果無患壽詔參知政事裔代領其軍入見賜錢五千萬以內艱免傳文上有明年二字依詳校本删翼日起復視事時

議以契丹戶之驅奴尚衆乞盡鬻以散其黨褭以爲非便奏請量存口數餘悉官贖爲良上納之北部復叛裔戰失律復命褭爲左副元帥莅師尋拜樞密使兼平章政事屯北京民方艱食乃減價出糶倉粟以濟之或以兵食方闕爲言褭曰烏有民足而兵不足者卒行之民皆悅服時議北討褭奏遣同判大睦親府事宗浩出軍泰州又請左丞衡於撫州行樞密院出軍西北路以邀準布而自帥兵出臨潢上從其策賜內庫物即軍中用之其後色徹原作斜出部族詣撫州降上專使問褭褭以爲受之便賜寶劍部度宜窮討

乃令士自齎糧以省輓運進屯於默音埒里原作沔移剌烈額穆爾蘇原作烏滿埽等山以逼之請就用步卒穿濠鑿障起臨潢左界北京路以爲阻塞言者多異同詔問方略襄曰今兹之費雖百萬貫然功一成則邊防固而戍兵可減半歲省三百萬貫且寬民轉輸之力實爲永利詔可襄親督視之軍民並役又募饑民以傭即事五旬而畢於是西北西南路亦治塞如所請無何泰州軍與敵接戰宗浩督其後殺獲過半諸部相率送款襄納之自是北陲遂定襄還臨潢減屯兵四萬馬二萬匹上以信符召還遣近臣迎勞於途既至

復撫問於第入獻邊機十事皆爲施行仍厚賜之復拜左丞相初襄至自軍上諭宰臣曰樞密使襄築立邊堡完固古來立一城一邑尚有賞賚即欲拜三公三公非賞功官如左丞相亦非賞功者雖然可特授之遣左司郎中珠勒根阿哈（原作阿勒根阿海）降詔褒諭四年正月進拜司空領左丞相如故襄重厚寡言務以鎮靜守法每掾有所稟必問曰諸相云何掾對某相如是某相如是襄曰從某議其事無有異者識者謂襄誠得相體時上頗更定制度初置提刑司又議設清閑職位如宋朝宫觀使以待年高致仕之官襄言

年老致仕朝廷養以俸廩恩禮至渥老不爲退復有省會之法所以抑貪冒長廉節若擬別設恐涉於濫又言省事不如省官今提刑官吏多無益於治徒亂有司事議者以謂斯乃外臺不宜罷臣恐混淆之辭徒煩聖聽且憲臺所掌者察官吏非違正下民冤枉亦無提點刑獄舉薦之權若已設難以遽更其採訪廉能不宜隸本司宜令監察御史歲終體究仍不時選官廉訪上皆聽納時方旱襄及平章政事張萬公參政布薩揆等上表待罪金史本傳上曰卿等何罪殆朕所行有不逮者萬公進曰天道雖遠實與人事相通

唯聖人言行可以動天地昔成湯引六事自責周宣遇災而懼側身修行莫不修飭人事方今宜崇節儉不急之務無名之費可俱罷去上曰災異不可專言天道必先盡人事耳故孟子謂王無罪歲左丞相守貞曰陛下引咎自責社稷之福也上由是以萬公所言張萬公傳召翰林學士黨懷英草罪己詔而諭襄等視事泰和元年春承命馳禱於亳州太清宮及后土方嶽金史本傳既而止之師兒傳以其世封遠特改授河間府算卓和原作算术海明安明年皇子生襄復自請報謝既祀嵩嶽還次芝田之府店遂以疾薨年六十三訃聞

輟朝遣使祭於路葬禮依太師淄王克甯謚曰武昭命張行簡銘其碑襄明敏才武過人上親待之厚故所至有功其駐軍臨潢也有以僞書遺西京留守圖克坦鎰欲搆以罪書聞上以書還畀襄其明信如此旣而果獲爲僞書者在政府二十年明練故事簡重能斷器局尤寬大待掾吏盡禮用人各得所長爲當世名將相大安閒配享章宗廟廷金史本傳初襄有田在肇州應奉翰林文字納喇呼喇勒原作納蘭胡魯喇被詔括牛於臨潢上京等路襄家奴匿牛不以實聞呼喇勒即械繫正其罪而盡括之於是豪民皆懼無敢匿者

呼喇勒使還襄稱其能呼喇勒傳其得相體金史本傳有古人之風焉傳贊

完顔安國字正臣本名棟摩原作闍母其先占籍上京世有戰功祖錫伯原作斜婆授西南路世襲哈濟原作合札穆昆金史本傳安國沈雅沈原作雄有謀畫尤善騎射正隆元年從軍常以少擊衆大定中爲常山簿轉虹縣令選充虞王府掾再選虞王局副使明昌元年改本局使宏簡録

會達實原作大石部長有乞修歲貢者朝廷許其請詔安國往使之至則率衆遠迓望闕羅拜執禮無惰容時北準布原作阻轐迫近塞垣隣部欲立功以誇雄上國議

邀安國俱行討之安國以未奉詔爲辭强之不可或以危言怵之安國曰大丈夫豈以生死易節暴骨邊庭不猶愈於病死牖下衆壯其言餽饍如禮既還以奉使稱旨升武衛軍都指揮使出爲東北路副招討未赴改西北路副招討六年左丞相瓜爾佳原作夾谷清臣出兵以安國爲先鋒都統適臨潢泰州屬部叛安國先討定之以功遷本部招討使兼威遠軍節度使承安元年大鹽濼之戰殺獲甚衆詔賜金幣既而右丞相襄統大軍進安國爲兩路都統大捷於多泉子襄遣安國追敵僉言糧道不給不可行也安國曰人

得一羊可食十餘日不如驅羊以襲之便遂從其計
安國統所部萬人疾驅以薄之降其部長捷聞進官
四級遷左翼都統二年以營邊堡功召簽樞密院事
賜虎符巡史作還依詳校本改邊得以便宜從事時並塞諸部
降諭輸貢如初進拜樞密副使泰和元年授世襲西
南路延晏河明安兼哈濟穆昆帝幸慶寧宮命安國
嚴飭邊備奏西南路邊戍私竄者乞招誘以安人心
上是其言三年以疾致仕封道國公金史本傳安國在軍
旅幾十五年號令嚴明指揮卒伍如左右手又善伺
知敵人虛實及山川險易戰必身先士卒故所向輒

克(宏簡錄)諸部入貢安國能一一呼其祖先弟姪名字以戒諭之諸部皆震悚甚爲鄰國所畏服四年起服前職卒上聞之輟朝敕有司葬以執政禮贈特進(金史本傳)

圖克坦(原作徒單)鎰本名安春(原作按出)上京路蘇蘇(原作速速)保子明安人(金史本傳)北京副留守烏尼音(原作烏輦)之子七歲穎悟絕倫習女直字大定五年詔翰林侍講學士圖克坦子溫以女直字譯貞觀政要白氏策林史記西漢等書頒行四方選諸路學生三十餘人教以古書鎰在選中最號精詣兼通契丹大小字及漢字該習

經史宏簡錄久之樞密使完顏思敬請教女直人舉進士下尚書省議奏初立女直進士科且免鄉府兩試其禮部試廷試止對策一道限五百字以上待成日在都設國子學諸路設府學並以新進士充教授士民子弟願學者聽歲久學者當自眾即同漢人進士三年一試從之九年八月詔策女直進士問以求賢爲治之道侍御史完顏佛甯原作蒲揑太常博士李晏應翰林文字阿布哈原作阿不罕德甫伊喇原作移剌傑中都路轉運使奚蹈考試鎰等二十七人及第鎰授兩官餘授一官上三人爲中都路教授四名以下除各路教

授（金史本傳）十五年詔譯諸經選鎰爲國子助教（宏簡錄）左丞相赫舍哩（原作紇石烈）良弼嘗到學中與鎰談論深加禮敬丁母憂起服國史院編修世宗嘗問太尉完顏守道曰圖克坦鎰何如人也守道對曰有材力可任政事上曰然當以劇任處之又曰鎰容止溫雅其心平易久之兼修起居注累遷翰林待制兼右司員外郎獻漢光武中興賦世宗大悅曰不設此科安得此人章宗即位遷左諫議大夫兼吏部侍郎明昌元年爲御史中丞無何拜參知政事兼修國史章宗銳意於治平（傳原文句在人生有欲下依詳校本移正）嘗論宰臣何以使民棄

末務本二語依本紀增入鎰言人生有欲不限以制則侈心無極今承平日久當愼行此道以爲經久之治鎰因上書其略曰臣竊觀唐虞之書其臣之進言於君曰戒哉懋哉曰吁曰都既陳其戒復導其美君子爲治也必曰稽於衆舍己從人既能聽之又能行之又從而興起之君臣上下之間相與如此陛下繼興隆之運撫太平之基誠宜稽古崇德留意於此無因物以好惡喜怒無以好惡喜怒輕忽小善不卹人言夫上下之情有通塞天地之運有否泰唐陸贄嘗陳隔塞之九弊上有其六下有其三陛下能愼其六爲臣子

者敢不愼其三哉上下之情旣通則大綱舉而羣目張矣進尚書右丞修史如故三年罷爲横海軍節度使改宣武軍節度使知平陽府事先是鄭王永蹈判定武軍鎬王永中判平陽府相繼得罪連引者衆上疑有黨故命鎰節度定武繼又知平陽焉改西京留守承安三年改上京留守五年上問宰臣圖克坦鎰與宗浩孰優平章政事張萬公對曰皆才能之士鎰似優者鎰有執守宗浩多數耳上曰何謂多數萬公曰微似趨合上曰卿言是也頃之拜鎰平章政事封濟國公上以烈風昏曀連日詔問變異之由時元妃

傳作淑妃依詳校本改李氏擅寵兄弟橫恣朝臣往往出入其門鎰上疏略曰仁義禮智信謂之五常父義母慈兄友弟敬子孝謂之五德今五常不立五德不興搢紳學古之士棄禮義忘廉恥細民違道畔義迷不知返背毀天常骨肉相殘動傷和氣此非一朝一夕之故也今宜正薄俗順人心父父子子夫夫婦婦各得其道然後和氣普洽福祿薦臻矣因論爲政之術其急有二一曰正臣下之心竊見羣下不明禮義趨利者衆何以責小民之從化哉其用人也德器爲上才美爲下兼之者待以不次才下行美者次之雖有才能

德行無取抑而下之則臣下之趨向正矣其二曰導學者之志教化之行興於學校今學者失其本眞經史雅奥委而不習藻飾虚詞釣取祿利乞令取士兼問經史故實使學者皆守經學不惑於近習之靡則善矣又曰凡天下之事叢來者非一端形似者非一體法制不能盡隱於近似乃生異論孔子曰義者天下之斷也記曰義爲斷之節伏望陛下臨制萬機事有異議少凝聖慮尋繹其端則裁斷有定而疑可辨矣鎰言皆切時弊上雖納其說而不能行上問漢高帝光武優劣張萬公對曰高祖優甚鎰曰光武再造

漢業在位三十年無沉湎冒色之事高祖慼戚姬卒
至於亂由是言之光武優上默然鎰蓋以元妃李氏
隆寵過盛故微諫云泰和四年罷知咸平府五年改
南京留守六年徙知河中府兼陝西安撫使布薩揆
行省河南陝西元帥府雖受揆節制實顓方面上思
用謀臣制之由是升宣撫使一品改鎰知京兆府事
充宣撫使陝西元帥府並受節制詔曰將帥雖武悍
久歷行陣而宋人狡猾亦資勝算卿之智略朕所深
悉且股肱舊臣故有此寄宜以長策御敵勵兵撫民
稱朕意焉鎰言初置急遞鋪本爲轉送文牒今一切

乘驛非便上深然之始置提控急遞鋪官自中都至益都府七十五字依詳校本削自此郵達無復滯焉七年吳曦死宋安丙分兵出秦隴間十月詔鎰出兵金房以分掣宋人梁益漢沔兵勢鎰遣行軍都統沃哷伊囉斡原作斡勒葉祿瓦副統巴噶罕原作把回海完顔果囉原作撾刺引步騎五千出商州十一月伊囉斡拔鶻嶺關果囉別將攻破燕子關新道口巴噶罕取小湖關敖倉至營口鎮破宋兵千餘人追至上津縣斬首八百餘級取上津縣伊囉斡破宋兵二千於平溪將趨金州宋王柟以書乞和詔鎰召伊囉斡軍退守鶻嶺關八年春宋安丙遣景

統領由梅子溪新道口朱沙谷襲鶻嶺關巴噶罕果
囉擊走之斬景統領於陣是歲罷兵鎰遷特進賜賚
有差改知眞定府事大安初加儀同三司封濮國公
改東京留守過闕入見衞紹王謂鎰曰卿兩朝舊德
欲用卿爲相太尉匡卿之門人不可屈卿下之遷開
府儀同三司佩金符充遼東安撫使三年改上京留
守中都事亟選兵二萬入衞朝廷嘉之徵拜尚書右
丞相監修國史鎰言自用兵以來彼聚而行我散而
守以聚攻散其敗必然不若入保大城併力備禦昌
桓撫三州素號富實傳作貴依詳校本改人皆勇健可以内徙

益我兵勢人畜貨財不至亡失平章政事移喇（按氏下脫其名）參知政事梁瑭曰如此是自蹙境土也衞紹王以責鎰鎰復奏曰遼東國家根本距中都數千里萬一受兵州府顧望必須報可誤事多矣可遣大臣行省以鎮之衞紹王不悅曰無故置行省徒搖人心耳其後失昌撫桓三州乃大悔曰從丞相之言當不至此頃之東京不守（金史本傳）鎰墜馬傷足在告聞呼沙呼（原作胡沙虎）難作命駕將入省或告軍士守省府相幕皆不可入乃復還第呼沙呼意方猶豫不能自定亟從人望詣鎰問疾（宏簡錄）鎰謂之曰翼王章宗之兄顯宗長

子衆望所屬元帥決策立之萬世之功也呼沙呼默然而去乃迎宣宗於彰德呼沙呼既殺圖克坦南平欲執其弟知眞定府事銘鎰說之曰車駕道出眞定鎬王家在威州河北人心易摇銘有變朝廷危矣不如與之金牌奉迎車駕銘必感元帥之恩呼沙呼從之至甯貞祐之際轉敗爲功惟鎰是賴焉宣宗即位進拜左丞相封廣平郡王授中都路德勒圖（原作迭魯都）世襲明安富爾錦（原作蒲魯吉）必喇（原作必刺）穆昆鎰尙有足疾詔侍朝無拜明年鎰建議和親言事者請罷按察司鎰曰今郡縣多殘毀正須賴之撫集不可罷遂止

宣宗將幸南京鎰曰鑾輅一動北路皆不守矣今已
講和聚兵積粟固守京師策之上也南京四面受兵
遼東根本之地依山負海其險足恃備禦一面以爲
後圖策之次也不從是歲薨詔賻贈從優厚鎰明敏
方正學問該貫一時名士皆出其門多至卿相嘗歎
文士委頓雖巧拙不同要以仁義道德爲本乃著學
之急道之要二篇太學諸生刻之於石有宏道集六
卷本傳金史當呼沙呼之難鎰拱揖一語而宣宗立厥功
懋矣君子之言其利溥哉傳贊
鄂屯原作奧屯襄本名添壽上京路人大定十年襲明安

丞相襄舉通練邊事授崇義軍節度副使改烏庫哩（原作烏古論）乣詳袞召爲都水少監石州刺史未幾爲平南盪江將軍以功授壽州防禦使遷河南路副統軍兼同知歸德府事昌武軍節度使仍兼副統軍崇慶改元爲元帥左都監救西京至墨谷口一軍盡殪襄僅以身免坐是除名明年授上京兵馬使宣宗即位擢遼東路宣撫使未幾改率賓（原作速頻）路節度使同知上京留守事二年二月爲元帥右都監行元帥府事於北京五月改留守兼前職俄遷宣撫使兼留守（金史本傳）與遼東路宣撫史布希萬努（原作蒲鮮萬奴）宣差富察烏

錦原作蒲察五斤不協詔諭曰上京遼東皆國家重地以卿等累效忠勤故委之腹心意其協力盡公以徇國家之急及詳來奏乃大不然自今每事同心併力備禦倘懲前過以圖後功明年正月萬努果反宏簡錄取咸平東京瀋澄諸州及明安穆昆人亦多從之和勒端傳襄遂爲宣差提控完顏錫林原作習烈所害未幾錫林復爲其下所殺詔曲赦北京金史本傳

瓜爾佳錫爾格原作夾谷石里哥上京路明安人明昌五年進士泰州防禦判官補尚書省令史歷臨潢博索原作婆速路都總管判官累除刑部主事改薊州副提控駐

軍大名俄遷翰林待制爲宿州提控與山東宣撫完顔弼攻大沫堌賊衆千餘逆戰錫爾格以騎兵擊之盡殪提控默埒（原作沒烈）入自北門擒劉二祖以功遷武衛軍副都指揮使坐前在宿州掠良人爲生口當死特詔決杖八十徙洺州防禦使山東路副統軍復坐不時進兵解職起爲東平軍提控興定元年破宋兵於宿州以功遥授安化軍節度使移定海軍卒（金史本傳）

完顔阿里巴斯（原作阿里不孫）字彦成海蘭（原作曷懶）路特克新必喇（原作泰申必刺）明安人明昌五年進士調易州忻州軍事判官安豐縣令補尚書省令史除興平軍節度副

使應奉翰林文字轉修撰充元帥左監軍赫舍哩原作紇石烈執中經歷官大安初改戶部員外郎鈞州刺史執中行樞密院於西京復以爲經歷官改咸州刺史貞祐初累遷國子祭酒歷越王濮王傅改同知平陽府事兼本路宣撫使召爲兵部侍郎遷翰林院侍講學士改陝西路宣撫副使遷元帥左都監改河平軍節度使河北西路宣撫使改御史中丞遼東宣撫副使再閱月權右副元帥參知政事遼東路行尚書省事賜御衣廏馬安山甲上京行省富察烏錦原作蒲察五斤奏其功賜金百兩絹百疋興定元年眞拜參知政事

權右副元帥行尚書省元帥府於博索原作婆速路承制
除拜刺史以下金史本傳時布希萬努原作蒲鮮萬奴侵掠博索
之境烏錦入朝遼東兵勢愈弱烏錦留左翼提控四字
據完顏匡傳增江山守肇州江山亦懷去就及上京宣撫使
富察伊埒圖原作蒲察移剌都棄官奔南京傳作改陝西參議依詳校本改
正而伯特呼圖原作伯德胡土遂有異志宣撫使海努原作海奴
不迎制坐而受詔阿里巴斯械繫之矯稱有詔大赦
諸道衆乃稍安呼圖與知廣甯府事温特赫成格勒
原作温迪罕青狗約爲兄弟内忌阿里巴斯伊埒圖奏二人
不協無使相隸宣宗召成格勒成格勒不受詔阿里

巴斯殺之呼圖懷怨乃以兵戕殺阿里巴斯權都監納塔裕原作納合裕與監軍温特赫格綳額原作哥不靄參議軍事郭澍謀誅呼圖未敢發會烏錦遣副留守瓜爾佳諳達原作夾谷愛答左右司員外郎穆延都倫原作抹撚獨魯詣裕計事以謀告之二人許諾乃召呼圖至帳中殺之阿里巴斯寬厚愛人敏於吏事能治劇要識者以爲用之未盡云及是贈平章政事封芮國公宏簡錄

完顏特爾格原作鐵哥世爲萃賓原作速頻路海蘭哈達原作曷懶合達明安年二十四金史本傳襲世爵丞相襄傳授廣威將軍性純直貌雄偉粗通書御下惠愛察廉除臨海軍節度

副使改達喇原作底剌糺詳袞丞相襄行省於北京特爾格爲先鋒萬戸有功丁母憂起遷同知武勝軍節度使事充右副元帥完顏匡副統號平南盪江將軍攻光化軍王統制以步騎出東門逆戰特爾格擊卻之扳鹿角奪門以入遂克之進攻襄陽爲前驅獲生口知江渡可涉處陰植標以識之大軍至導之濟屢戰皆捷以勞進官兩階匡圍德安特爾格總領攻城築壘於德安鳳凰臺並城作甬道立鵞車對樓攻之擊走張統制兵時暑還屯鄧州兵罷進官兩階遷同知臨潢府事改西南路副招討宿州防禦使貞祐二年

樞密使圖克坦都呼（原作徒單度移剌）以特爾格充都統入衛中都遷東北路招討使兼德昌軍節度使布希萬努（原作蒲鮮萬奴）在咸平忌特爾格兵强牒取所部騎兵二千又召泰州軍三千及戶口遷咸平特爾格察其有異志不遣宣撫使承充召赴上京命伐扶餘路（原作蒲與）旣還適萬努代承充爲宣撫使摭前不發軍罪下獄被害謚勇毅（金史本傳）

塔納（原作塔坦）謀嘉上京路音德爾（原作塔懶）明安人（金史本傳）初習策論舉業大定二十六年選入東宮教鄆王琮瀛王瓌讀書以終場舉人試補上京提刑司書史以

廉能著承安元年契丹陀鎖寇掠韓州信州提刑司
問書吏譙入奏者皆難之謀嘉請行五年特賜同進
士出身宏簡錄調東京教授湯池主簿太學助教丁母
憂服闋累除翰林修撰兼修起居注監察御史貞祐
初遷吏部員外郎翰林待制侍御史完顏寓舉謀嘉
才行志在匡國可預軍政充元帥府經歷官中都被
圍食且盡胥鼎奏京師官民能贍足貧民者計所贍
遷官先給據謀嘉不受據而去中都危急謀嘉曰帥
臣統萬衆不能出城一戰何如自縛請降耶宣宗議
遷都謀嘉曰不可河南地狹土薄他日宋夏交侵河

北非我有矣當選諸王分鎮遼東河南中都不可去也不聽頃之除唐州刺史入爲太常少卿兼左拾遺遷鄭州防禦使改左諭德轉少詹事使宋二字依詳校本增攝御史中丞未幾攝太子詹事興定元年潼關失守遷河南統軍使兼昌武軍節度使攝樞密院事行院許州汰去冗食軍士二千餘人上書諫伐宋不聽三年降潁州防禦使有告宋人將襲潁州者已而宋兵果至謀嘉有備乃引去有司上功不及告者謀嘉請而賞之四年召爲翰林侍講學士兼兵部侍郎同修國史卒金史本傳

富察原作蒲察思忠本名烏延原作畏也隆安路海蘭原作曷懶烏珠原作兀朮明安人大定二十五年成進士調文德漷陰主簿國子助教應奉翰林文字太學博士累遷涿州刺史吏部郎中遷潞王傅被詔與翰林侍讀學士張行簡討論武成王廟配等列思忠奏曰伏見武成王廟配享諸將不以世代爲先後按唐祀典李靖李勣居吳起樂毅上聖朝太祖以二千之眾破百萬之師太宗克宋成此帝業秦王宗翰宋王宗望羅索原作婁室古新與前代之將各以功業間列可也思忠論多矯飾不盡錄錄其頗近理者云遷大理卿兼左司諫同

修國史泰和六年平章政事布薩原作僕散揆宣撫河南詔以備禦攻守之法集百官議於尚書省廷臣尚多異議思忠曰宋人攻圍城邑動至數千不得爲小寇但當選擇賢將宜攻宜守臨時制變無不可者上以爲然頃之遷翰林侍講學士兼左諫議大夫大理卿同修國史如故再閱月兼知審官院正職外兼四職自思忠始宋人請和賜銀五十兩重綵十端丁母憂起服侍講學士兼諫議修史知審官院轉侍讀兼兵部侍郎金史本傳頃之遷太子太保明昌二年春享太廟思忠攝太尉醉毆禮直官御史臺劾奏降秘書監終

翰林學士（宏簡錄）

赫舍哩呼實默（原作紇石烈胡失門）上京路明安人明昌五年進士累補尚書省令史除中都路度支判官調河北東路都管勾判官累官翰林直學士大理卿右諫議大夫興定三年（傳作二年依本紀改正）伐宋充元帥左都監赫舍哩約赫德（原作牙吾塔）參議官行省布薩（原作僕散）安貞劾奏約赫德違詔背約至楚州不待節制輒進兵直前至江而復宋人堅壁不出野無所資（傳作掠依詳校本改）軍士疲乏饑死相望呼實默坐不矯正乞朝廷治罪特詔原之（宏簡錄）改同知彰德府事五遷吏部尚書五年拜

御史大夫元光元年兼大司農二年薨宣宗輟朝百官致奠金史本傳

瓜爾佳實倫原作古里甲石倫隆安人以武舉登第爲人剛悍頗自用所在與人不合宣宗以其勇善戰每任用之貞祐二年累遷副提控太原府判官金史本傳與從宜都提控振武軍節度使完顏富拉塔原作蒲刺都議拒守不合交章論列詔各分統其兵未幾遷同知太原府事奏請招集義軍設置長校各立等差制可四年遷河東宣撫副使轉絳陽軍節度使權經略使尋知延安府事兼鄜延路兵馬都總管元兵圍忻州詔率兵

往援護其民人咸入太原保全甚衆興定元年七月改河平軍節度使兼衛州管内觀察使太原知府烏庫哩（原作烏古論）德升言其不救汾州命有司議罪詔赦之諭以朕初謂汝勇果爲國盡力故倚以濟事尋聞汝嗜酒不法然皆瑣屑乃若不救汾州豈細事哉有司議罪如此汝其悉之益當戮力以掩前過十二月遷鎮西軍節度使兼嵐州管内觀察使行元帥府事二年四月奏言去歲北兵破太原遊兵時入嵐州境官民將士悉力悍禦卒能保守無虞向者河東内郡皆駐以精甲實以倉儲覩邊城尤爲完富然敵兵一

至相繼淪没當大軍初入郡縣倉皇非帥府控制則
隩筦保德嵐嵐甯化皆不可知矣今防秋不遠乞朝
廷量加旌賞務令益盡心力易以鎮守詔樞密院有
功者各遷一級仍降授空名宣敕三年二月又奏向
者并汾既破兵入内地臣謂必攻平陽將及潞州還
當由隆州谷以入太原請兵扼其歸路朝廷不以爲
然既而皆如臣料始太原失守河東民皆攜老幼徙
居山險無入從賊意敵不能久留且望官軍復至今
敵居半歲遣步騎擾諸保聚官軍竟無至者民豈能
久抗乎夫太原河東之要郡平陽陝西河南之藩籬

也若敵兵久不去居民盡從屯兵積糧以固基本復擾郡縣之未殘者則邊城指日皆下矣北路不守則南路爲邊去陝西河南益近臣竊憂之故復請兵以圖戰守而樞府檄臣弁將權太原治中郭遹祖義軍萬餘人糧五千石會汾州權元帥府右都監穆延呼喇原作抹撚胡刺復太原臣召遹祖欲號令其衆遹祖不從但稱李天祿等軍未嘗親閲問糧曰散在數處蓋其情本欲以已有兵糧冀朝廷見用以取重職不可指爲實用也然臣已遣提控實嘉烏爾欽原作石盞吾里忻等領軍以往但敵勢頗重而往者皆新集白徒絶無精

銳恐不能勝乞於河南陝西量分精兵以增臣力仍令陝西州郡近河東者給之資糧更令南路諸軍綴敵之南以分其勢如此庶幾太原可復也詔陝西河東行省分糧與之請兵之事以方伐宋不從三月又奏頃者臣所遣烏爾欽引官兵義兵共圖收復太原擬得注授九品之職及有功軍士宜速賞之以請於朝執政以爲賞功罰罪皆須中覆臣謂河東去京師遼移報往返率數十日剏官軍皆敗亡之餘鋒銳略盡義兵亦不習行陣無異烏合以重賞誘之猶恐不爲用況有功而久不見報乎夫衆不可用則不能退

敵敵不退則太原不可復太原不可復則平陽之勢日危而境土日蹙矣今朝廷抑而不許不過慮其濫賞耳借使有濫賞之弊與失太原孰重詔乃從其請自太原治中及他州從七品以下職四品以下散官並聽遷調是月復言日者遣軍潛傳作情依詳校本改擣敵壘而同知富察和勒端原作蒲察桓端拒而不發又召同知富邊軍節度雅里雅勒呼原作姚里鴉鶻與之議兵竟不聽命近委石州刺史納哈塔旺結原作納合萬家權行六部辭以他故約武州刺史郭憲率所部併進亦不至臣位當方面而所統官屬並不禀從乞朝廷嚴加懲戒庶人

知職分易以責辨宰臣惡之反奏和勒端雅勒呼巳
經奏改實倫身兼行部不自規畫而使旺結往來應
給石州無人恐亦有失武州邊郡正當兵衝使憲率
軍離城敵或乘之孰與守禦旺結等不從未爲過也
上以爲然因遣諭實倫曰卿嘗任歸德行院衛州防
備之事非不素知乃以步騎爲請何耶比免卿罪特
授三品卿當誓以死報今自謂河南之衆必不可分
但圖他日得以藉口耳所爲如此豈報國之道哉旺
結等若必懲戒彼中誰復可使者姑爲容忍可也閏
三月實倫駐兵太原之西俟諸道兵至進戰宏簡錄

脅從人頗有革心上言於朝乞降空名宣敕金銀符許便宜遷賞以招誘之上從其請並給付之仍聽注五品以下官職金史本傳六月遷金安軍節度使行帥府事於葭州時鄜州元帥内族承立慮夏人入寇遣納哈塔邁珠原作買住以兵駐葭州實倫不奏輒分留其兵千八百人論罪當絞遇赦乃止除名元光元年起爲鄭州同知防禦使以罪除名尋令白衣領職復以罪免正大八年元兵入河南以權元帥左都監令代昌武軍節度使銀祜祿同周原作粘葛仝周領兵詔諭卿先朝宿將甚有威望故起拜是職元帥蘇椿武監軍皆曉

兵事宜與同議勿復如前不聽時游兵已至許實倫赴鎮幾爲所獲數日兩省軍敗潰軍踵來實倫遣歸順軍提控嵐州人高珪往偵因持在州軍馬糧草數目奔於元軍仍告以城池深淺俄元兵至城下令鳳翔府韓壽孫持檄招降言三峯敗狀實倫與椿就市中斬之無何武監軍偏裨何魏輩開東門內族安春原作按春開南門瓜爾佳太守開西門元軍乃入城擒蘇椿怒其不屈殺之實倫投廨後井中死宏簡錄同周自縊州廨同周名暉字子陽策論進士蘇椿大名人金史本傳

吉林通志卷八十三

人物志十二金十一

赫舍哩志甯　　布薩忠義

圖克坦喀齊喀　　赫舍哩良弼

完顏守道　　唐古安禮

完顏薩哈

赫舍哩志甯本名薩哈連原作撒曷輦字從道族帳部上京和坦原作胡塔明安二字依詳校本增人也自五代祖大尉罕齊韓原作赤以來與國家世為甥舅父薩巴海陵時賜名懷忠為泰州路顏河穆昆轉明安嘗為東平尹開遠

軍節度使志甯沈毅有大略娶梁王宗弼女永安縣主宗弼於諸婿中最愛之金史本傳嘗謂曰汝效阿薩爾原作阿撒之爲人可以幾古人矣移喇溫傳皇統間爲護衛海陵以爲右宣徽使出爲汾陽軍節度使入爲兵部尙書改左宣徽使都點檢遷樞密副使開封尹契丹薩巴原作撒八反金史本傳屢討無功宏簡錄於是志甯爲北面本傳作西北面依詳校本刪副統與都統白彥敬原作約索以北京臨潢泰州三路軍討之至北京世宗已卽位乃與彥敬俱降金史本傳語詳彥敬傳宏簡錄尋授保州同知部曲錄往征斡罕原作窩斡以爲臨海軍節度使統右翼軍敗斡罕於

長濼賊西走追及於霧鬆河賊已先渡依岸爲陣令萬戶瓜爾佳（原作夾谷）清臣圖克坦和羅（原作徒單海羅）自下流渡河追之數里得平地將士方食賊衆奄至志甯軍急整陣賊自南岡馳下衝陣者三志甯力戰流矢中左臂大軍畢至賊據上風縱火會天降雨風煙乃熄遂奮擊大破之上使富察（原作蒲察）迺至軍中宣諭代完顏福壽爲元帥右監軍封定國公（宏簡錄）賊略懿州界陷靈山同昌惠和三縣睥睨北京會土河水漲賊不得渡乃西趨三韓縣（金史本傳）諸將皆言馬瘦弱不堪追襲欲止志甯因獲候人知賊自選精銳以羸兵護其

母妻由别道西走期於山後會集亟與清臣追及之
盡獲其輜重俘五百餘人雜畜不可勝計僞節度使
六及其部族皆降簡錄宏　斡罕走奚中至七渡河復敗
之賊過渾嶺入於奚中志寧獲賊將稍合住原作頑和卓
釋弗殺許以官賞縱之歸約以捕斡罕自效頑和卓
既去見斡罕秘不言見獲事乃反間奚人於斡罕曰
陷泉失利奚人有貳志不可不察當是時斡罕屢敗
其下亦各有心頑和卓與賊帥錫勒塔干執斡罕詣
右都監完顔思敬降志寧與萬戶清臣宗寧酥格原作
速哥等追捕餘黨至燕子城盡得所畜善馬因至茂巴

勒達（原作拔巴里達）之地悉獲之逆黨既平入朝爲左副元帥賜以玉帶經略宋事駐軍睢陽（金史本傳）遣完顏王祥復取蔡州宋將黃觀察遁去是時斡罕黨人瓜里扎巴（原作括里扎八）降宋謀夏月膠解北人弓不可用與李世輔攻靈壁虹縣遂陷宿州（宏簡錄）志甯以精兵萬人發自睢陽趨宿州中使來督軍志甯附奏曰此役不煩聖慮但恐世輔遁去耳世輔聞志甯軍止萬人甚易之曰當令十八執一人也瓜里等問候人所見旗幟知是志甯謂世輔曰此薩哈連監軍也軍至萬人愼毋輕之五月二十日志甯將至宿州仍令從軍盡執

旗幟駐州西爲疑兵三明安兵駐州南自以大軍駐
州東南扼其歸路世輔望見州西旌旗蔽野謂大軍
在焉而謂東南兵少不足慮先擊之以步騎數萬皆
執盾背城爲陣外以行馬捍之使别將將兵三千出
自東門欲自陣後攻志寧軍萬戶芬徹原作蒲查擊敗之
右翼瓜爾佳清臣爲前行撤毁行馬短兵接戰世輔
軍亂諸將乘之追殺至城下是夕世輔盡按敗將將
斬之其統制常吉懼而來奔盡得城中虛實明日世
輔悉兵出戰騎兵居前乃使瓜爾佳清臣當之遇别
將踵擊四字從宏簡錄省文其將不能反旆志寧麾軍力戰世

輔復大敗走者自相蹈藉僵尸相枕爭城門而入門
塡塞八八自阻遂緣城而上自濠外射之往往墮死
世輔乘夜脫走遂復宿州四字依詳校本增明日瓜爾佳清
臣張師忠追及世輔斬首四千餘赴水死者不可勝
計獲甲三萬餘他兵仗甚衆上以御服金線袍玉吐
鶻賓鐵佩刀使伊喇原作移剌就軍中賜之凡有功將士
明安穆昆並如陝西遷賞詔志甯曰卿雖年少前征
契丹戰功居最今復破大敵朕甚嘉之金史本傳及宋議
和不決移軍臨潢遂渡淮取盱眙濠濮和滁等州宋
人懼乃決意請和志甯還軍睢陽復賜御服玉佩刀

通犀御帶金史世宗本紀大定五年三月世宗駐軍南京五月召至京師拜平章政事賜玉束帶還軍諭以南服雖定日月尚淺卿須一往規畫宏簡錄六年二月還京師拜樞密使七年十一月八日皇太子生日宴羣臣於東宮志甯奉觴上壽上悅顧謂太子曰天下無事吾父子今日相樂皆此人力也使太子取御前玉大杓酌酒上手飲志甯卽以玉杓黄金五百兩賜之以第十四女下嫁志甯子諸神努原作諸神奴八年十月進幣宴百官於慶和殿皇女以婦禮謁見志甯夫婦坐而受之歡飲終日夜久乃罷九年拜右丞相十一年代

宗敘北征既還遣使者迎勞賜以弓矢玉吐鶻入見
上慰勞良久是日封廣平郡王復遣使就第慰勞之
以玉帶賜志甯上曰此梁王宗弼所服者故以賜卿
郊祀覃恩進封金源郡王金史本傳十二年志甯有疾日
遣中使候問四月丙寅疾亟賜金丹三十粒已不能
言但稽首而已是日薨上輟朝臨奠行哭而入哀動
左右錄宏簡將葬上致祭見陳甲柩前復慟哭之賻銀
千五百兩重綵五十端絹五百疋葬事祠堂皆從官
給謚武定十五年圖像衍慶宮金史本傳志甯妻妬甚嘗
殺孕妾後諸子皆病亡世宗遣使諭其妻丞相有三

大功先朝舊臣自秦宋二王餘皆不及令養其孽子當如親子二十二年上又問忠義志甯孰愈左丞相襄奏曰忠義兵權精緻此其所長上曰不然志甯臨敵身先士卒勇敢之氣自太師梁王未有如此明昌五年配享世宗廟廷（宏簡錄）

布薩（原作僕散）忠義本名烏哲（原作烏者）一作僕散權（繫年要錄）一作大懷忠（中興禦侮錄）上京博勒和（原作拔盧古）河人宣獻皇后姪世宗元妃僕散氏之兄也（世宗僕散氏五字依昭德皇后傳補入）高祖斡喇布（原作斡魯布）曾祖瑣都（原作班覩）祖呼蘭（原作胡闌）父博羅（原作背魯金史本傳）皆世襲穆昆博索（原作婆速）路統軍使（宏簡

錄忠義魁偉長髯喜談兵年十六領本穆昆兵從宗輔定陝西行間射中宋大將宋兵遂潰由是知名帥府錄其功承制署爲穆昆宗弼再取河南表薦忠義爲明安攻冀州先登攻大名府史作大明依詳校本改以本部兵力戰破其軍十餘萬賞以奴婢馬牛金銀重綵從宗弼渡淮攻廬壽等州宗弼稱之曰此子勇略過人將帥之器也金史本傳厚賞之錫默阿里傳授安遠大將軍傳作甯遠依詳校本改世襲穆昆皇統四年除博州防禦使在郡不事田獵燕遊以職業爲務依詳校本移上公餘學女直字及古算法閱月盡能通之郡中翕然稱治忽一夕陰

晦因徒謀爲反獄倉卒間將校皆惶駭失措忠義從容但使守吏撾鼓鳴角囚徒以爲天且曉不敢出自就桎梏及考郡民詣闕願留詔從之八年改同知眞定尹兼河北西路兵馬都總管遷西北路招討使入爲兵部尚書布薩呼圖（原作僕散忽土）嘗與海陵篡立倚勢陵傲同列忠義因會飲衆辱之海陵不悦出爲震武軍節度使火山賊李鐵槍乘暑來攻忠義單衣從一騎迎擊之射殺數人賊乃退改臨洮尹兼熙秦路兵馬都總管召至京師謂之曰洮河地接吐蕃木波異時剽害良民州縣不能制汝宿將故以命汝賜條

服玉具佩刀閱再考徙平陽尹使宋還

徙濟南尹以本官爲漢南路行營副統制伐宋克通化軍世宗立罷兵入朝京師拜尚書右丞金史本傳斡罕原作窩斡僭號兵久無功宏簡錄忠義請曰契丹小寇不時殄滅致煩聖慮臣聞主憂臣辱願效死力除之世宗大悅金史本傳拜平章政事兼右副元帥封榮國公賜以御府貂裘寶鐵吐鶻弓矢大刀具裝對馬及安山鐵甲金牌詔凡將士有犯連職之外並以軍法從事有功者依格遷賞復諭將士兵久駐邊蠹費財用百姓不得休息今宜同心戮力以底戡定無或馳慢忠義

至軍賊陣而西行引兵追之及於和托（原作花道）宗亨宗敘分爲左右翼與賊夾河而陣衆尚八萬救至引去過伊瑪（原作移馬）嶺追及於諾爾嶺（原作裊嶺）西陷泉時昏霧四塞跬步莫覩仰天禱曰狂寇肆虐殺戮無辜天不助惡當爲開霽祝已昏霧廓然及戰大敗之生擒其弟僞六院司大王諾爾（原作裊）俘生口三十萬獲雜畜十餘萬車帳金珍以鉅萬計遣使奏捷詔奬卿材能素著果能大破賊衆朕甚嘉之今遣勞卿如朕親臨賜卿御衣及果勒圖（原作骨睹）犀具佩刀通犀帶等就以俘獲分散軍士賊平（宏簡錄）忠義朝京師拜尚書右丞

相改封沂國公以玉帶賜之金史本傳大定二年命居南京總戎事節制諸將陛辭諭以宋若歸侵疆貢禮如故則可罷兵既至簡閱士卒分屯要害戒諸將嚴守備使副帥志寧移牒宋帥張浚如上所諭各守自來畫定疆界凡事一依皇統以來舊約帥府亦當解嚴如必欲抗衡請會兵相見宏簡錄宋復書曰四字依詳校本改疆埸之一彼一此兵家之或勝或負何常之有當置勿道謹遣官寮至麾下議之是時己復泗壽鄧州金史本傳宋人燒夷方城葉縣以來田野忠義命芻牧許汝閒俟來歲取淮南二十六字依詳校本改削三年入奏事遂以丞

相兼都元帥（無何十一字依詳校本刪）慮夏久雨弓力易減宋或乘時見攻豫選勁弓萬張於別庫及自汴赴闕議事次濬州宋將李世輔果掩取靈壁虹縣遂陷宿州忠義使發所貯勁弓（傳作使人還汴依詳校本刪）給志寧軍與宋人戰遂大捷竟復宿州忠義還軍（傳無軍字依詳校本增）以書責宋宋洪遵盧仲賢遣使二輩持與志甯書及手狀歸海泗唐鄧州所侵地約爲叔姪國（金史本傳依詳校本改刪）凡畫定四事一叔姪通書之式二唐鄧海泗之地三歲幣銀絹之數四叛亡俘虜之人約令十一月二十以前持誓書來（大金國志）忠義馳奏請定書式世宗詔曰若

宋人歸疆歲幣如昔可免奉表稱臣許世爲姪國忠義乃貽書宋人宋人他託未從而世宗意天下厭苦兵革思與百姓休息詔忠義度宜以行四年正月宋使胡昉以右僕射湯思退書來宋稱姪國不肯加世字忠義執昉留軍中答其書使使以聞詔曰行人何罪遣胡昉還國邊事從宜措畫忠義移軍壓淮境遣志甯率偏師渡淮取盱眙濠廬和滁等州（金史本傳）宋將魏勝戰死劉寶自楚州王彥自昭關南遁（大金國志）世宗下詔進師圖克坦（原作徒單）復取楚州（金史本傳）宋人懼（此依詳校本移下）八月宋遣宗正少卿魏杞來充通問使國書之

來已許割四郡但求減歲幣之半杞及壃國中以書不如式不受又求割商秦地及歸亡人且求歲幣二十萬杞以問諸朝宋帝命盡依初式再易書歲幣亦如其數（大金國志）於是宋周葵王之望書來（依詳校本改削）一一如約和議始定宋再遣試禮部尚書魏杞崇信軍承宣使康湑（大金國志作諝）充通問國信使取到宋王國書式並國書副本宋世爲姪國酌歲幣爲二十萬兩疋國書仍書名再拜不稱大字（金史本傳）宋使至潁河口見忠義志甯國書略曰修好齊盟出於初議中因曲見或爲矛盾之言致此數年未講衣裳之會茲聆嘉報不

替舊歡仰衛社之大忠謹睦鄰之高誼已遵要束無復異圖令與其介康㴞同詣燕山國師亦罷大金國志五年正月入見依詳校本改其書曰姪宋皇帝眘謹再拜致書於叔大金聖明仁孝皇帝闕下魏杞還復書叔大金皇帝不名不書謹再拜但曰致書於姪宋皇帝不用尊號不稱闕下和好已定罷兵詔天下以左副都點檢完顏仲爲報問國信使太子詹事楊伯雄副之金史本傳時官軍一十七萬三千有餘奏留一十一萬六千二百屯戍上嫌其多可選馬一萬二千軍一萬五千併舊軍通留六萬富强丁多者摘留貧難者放還

其一路全放者先發遣之賜忠義玉束帶詔先還京入朝（宏簡錄） 上勞之曰宋國請和偃兵息民皆卿力也拜左丞相兼都元帥（金史本傳） 上以大定初事多權制詔有司刪定語之曰凡已奏之事朕嘗再閱卿等冊輒懷懼朕於大臣務相信任但軍國事不敢輕易恐或有誤也對曰陛下留神萬幾天下之福臣等豈敢竊意但智力不及耳六年正月有疾遣太醫診視賜以御藥中使撫問相繼於道二月丁亥薨（宏簡錄） 上親臨哭之慟輟朝奠祭賻銀千五百兩重綵五十端絹五百匹上將幸西京復臨奠焉命參知政事唐古（原作唐括）

安禮護喪事凡葬祭從優厚官爲給之大宗正丞竟
充敕祭使中都轉運副使王震充敕葬使百官送葬
具一品儀物建大將旗鼓送至墳域謚武莊忠義動
由禮義謙以接下敬儒士與人極和易侃侃如也善
御將士能得其死力及爲宰輔知無不言自漢唐以
來外家多緣恩戚以至富貴又多不克其終未有兼
任將相功名始終如忠義者十一年詔曰故左丞相
忠義族人及昭德皇后親族人材可用者左副點檢
烏庫哩原作烏古論元忠體察以聞二十一年上思忠義
功勒銘墓碑泰和元年圖像衍慶宮配享世宗廟廷

子揆別有傳金史本傳

圖克坦喀齊喀原作徒單合喜上京速蘇海水人金史本傳世襲

明安佛甯蒲揑原作之子喀齊喀形貌魁偉膂力過人一

經聞見終身不忘宏簡錄天輔間從金源郡王羅索原作

婁室爲章京原作扎也甚愛之天會六年以功爲穆昆尋領

羅索親管明安元帥府聞其才命權左翼軍事皇統

二年爲隴州防禦使金史本傳嘗敗宋兵於高陵秦州鳳

翔及饒風關宋兵至衆以寡勝之宏簡錄遷平涼尹再

徙臨洮延安尹是時關陝以西初去兵革百姓失業

喀齊喀守之以靜民多還歸者天德二年爲元帥左

都監陝西統軍使貞元二年以本官兼河中尹正隆六年爲西蜀道兵馬都統世宗卽位手詔賜啫齊啫曰岐國失道殺其母后横虐兄弟流毒兆庶朕惟太祖椒業之艱難勉膺大位卿之子弟皆自軍中來歸卿國家舊臣豈不知天道人事卿軍不多未宜深入當領軍屯境上陝右重地非卿無能措畫者俟兵革既定卽當召卿宜自勉之大定二年復爲陝西路統軍使未幾改元帥右都監表陳伐宋方略詔許以便宜從事轉左都監破宋兵於華州是時宋吳璘侵古鎭分據散關和尚原神义口玉女潭大蟲嶺石壁寨

寶雞縣兵十餘萬陷河州鎮戎軍喀齊喀乞濟師詔益河南兵萬人喀齊喀遣丹州刺史持嘉烏蘇埒克原作赤盞胡速魯改以兵四千守德順吳璘以二十萬人圍之統軍都監舒穆嚕迪里原作石抹迭勒將萬人破宋兵於河州還過德順駐兵平涼求益兵以解德順之圍喀齊喀遣萬戶完顏實訥埒原作習泥烈大艮順甯州刺史延扎們都原作顏盞門都各將本部兵合二萬人以順義軍節度使烏雅富埒赫原作烏延蒲离黑統之與迪里會吳璘聞之使偏將將兵五千人來迎前鋒都爾蘇烏頁原作特里失烏也奚王和尚擊敗之追至德順城南小溪邊璘自

將大軍蔽岡阜而去烏頁等馳擊之迪里富埒赫繼至併力戰日已暮兩軍不相辨乃解已而璘報云宋主遣使至兩國講和請各罷兵璘遂遁去富埒赫亦引軍還自宋兵圍城至是凡四十餘日乃解金史本傳押軍明安温都富埒哈原作愠敦蒲里海依詳校本改金史本傳身先力戰其功爲多頃之璘復來犯陝西引軍十萬據險阻剽掠郡邑復請益兵詔益以七千與舊號二萬遣慶陽尹烏雅普霞努原作烏延蒲轄努延安尹高景山分領以往彰化軍節度使璋通遠軍節度使烏雅沃里布原作烏延吾里補甯州刺史伊喇皋善努原作移刺高山奴京兆少尹

宗室聶赫原作泥河恩州刺史完顏摩囉歡原作謀良虎皆備軍前任使宋兵五萬圍華州押軍萬戶費摩蘇拉原作裴滿按刺欲堅壁守之明安伊喇薩爾拉原作移刺沙里刺曰宋兵雖多半是商虢華州並南山居民不習戰鬭不如擊之蘇拉乃引騎兵千人敗宋前鋒追至其大軍亦敗斬首五千餘級宋戍寶雞至大蟲嶺兵皆遁去宏簡錄項之璘聞持嘉烏蘇埒克等軍已去德順率兵號二十萬復據德順陷鞏州臨洮府臨洮少尹赫舍哩薩恰原作騷洽死之喀齊喀以璋權都統實訥埒權副統將兵二萬攻之金史本傳璘雖屢敗恃其衆不肯去仍分

其并守秦州喀齊喀遣總管瓜爾佳扎拉與諸將議破敵計宏簡錄璋等議曰我兵屢勝而敵兵不退者知我軍少故也須都監親至方可破敵扎拉傳喀齊喀乃領兵四萬駐水洛城東自六盤山西抵石山頭分兵守之當德順秦州之兩間斷其餉道璘乃引去守德順張安撫亦棄城遁烏蘇埒克邀擊之所殺過半擒將校十餘人遂復德順秦州守兵亦退高景山乃走商號聶赫復取環州於是臨洮鞏秦河隴蘭會原洮積石鎮戎德順商號環華等州府一十六盡覆之陝西平詔書獎諭賜以玉帶將士各照等級遷資受賞

贈官賜錢有差宏簡錄五年置陝西路統軍使兼京兆尹元帥府移治河中府統軍使璋朝辭上曰喀齊喀年老以陝西軍事委卿鎮防利害可訪問之七年入爲樞密副使改東京留守賜以衣帶佩刀詔曰卿年老以此職優佚宜勉之九年入爲平章政事奏睿宗收復陝西功數事上嘉納之藏之秘府封定國公十一年薨傳作十年依本紀改上方擊毬聞訃遂能有司致祭備禮以葬賻銀及重綵幣帛二十一年上念其功遷其孫薩哈原作三合武功將軍授世襲本明安海蘭烏克新原作曷懶若窩申穆昆泰和元年配享世宗廟廷金史本傳

赫舍哩亘彌本名羅索原作婁室一作師顏繫年要錄輝發原作回怕川人也曾祖呼蘭原作胡懶祖特伯烈原作不魯忒父太宇世襲佛寧原作蒲涅徙宣寧天會中選諸路女直字學生送京師金史本傳俾上京教授貞嚕教之椿年傳亘彌與納哈塔椿年皆童丱俱在選中金史本傳最號警悟椿年傳時希尹爲丞相以事如外郡亘彌遇之途中望見之歎曰吾輩學丞相文字千里來京師固當一見乃入傳舍求見拜於堂下希尹原作古新問曰此何兒也亘彌自贊曰有司所薦學丞相文字者也希尹大喜問所學亘彌應對無懼色希尹曰此子他日必爲國之令器

留之數日年十四爲北京教授學徒常二百人時人爲之語曰前有古新後有羅索其從學者皆成名年十七補尚書省令史簿書過目輒得其隱奥雖大文牒口占立成詞理皆到時學希尹之業者稱爲第一除吏部主事天德初累官吏部郎中改右司郎中借祕書少監爲宋主歲元使時納哈塔椿年爲參知政事薦良弼才出己右用是爲刑部尚書（椿年傳作右司員外郎）賜令名丁父憂以本官起復海陵嘗曰左丞相張浩練達事務而頗不實刑部尚書羅索言行端正無所阿諂因謂椿年曰（金史本傳）吾試用羅索果如卿言惟賢

知賢椿年傳卿可謂舉能矣常人多嫉勝己者卿舉勝
己者賢於人遠矣改侍衞親軍馬步軍都指揮使艮
弼音吐清亮海陵詔諭臣下必使傳旨聞者莫不聳
動以故常被召問不踰年拜參知政事進尚書右丞
賜佩刀入宮轉左丞海陵伐宋艮弼諫不聽以爲右
領軍大都督海陵在淮南詔與監軍圖克坦原作徒單貞
撫定上京遼右金史本傳世宗即位乃還就以爲南京留
守兼開封尹再兼河南都統召拜尚書右丞宏簡錄世
宗謂曰卿嘗諫正隆伐宋不用卿言以致廢隕當時
懷祿偷安之人朕皆黜之矣今復用卿凡於國家之

事當盡言無復顧忌也戻彄頓首謝金史本傳斡罕原作窩斡

敗詔佩金牌往北京招撫奚契丹還拜尚書右丞上

言臣考按得祖宗已來未錄功賞者凡三十二人宜

差第封賞詔凡五品已上聞奏六品以下及無官者

尚書省約量遷除於是功勞畢賞進拜平章政事封

崇國公詔分山東兩路明安穆昆與百姓雜居者隨

宜易置務使異聚有民田互相犬牙者皆對易以官

田自是無復爭訴宏簡錄　大定六年十一月皇太子生

日上置酒於東宫戻彄志寧同賜酒上日邊境無事

中外晏然將相之力也金史本傳進拜右丞相監修國史

上謂海陵時記注皆不完人君善惡戒勸所肅若或遺逸後世何觀其令史官旁求書之又曰五從以上宗室才有可用具名聞奏其猥冗不足莅官者聞奏罷去宏簡錄左丞完顏守道奏近都兩明安父子兄弟往往析居其所得之地不能自贍日益困乏上以問宰臣良弼對曰如欲父兄聚居宜以所分之地與土民相換易雖暫擾然經久甚便右丞石琚曰百姓各安其業不若依舊便上竟從良弼議太宗實錄成賜金帶重綵金史本傳世宗與侍臣論古今爲臣孰賢不肖因諭宰相卿等毋違道以自陷毋曲從以誤朕惟忠

惟孝匡救輔益期致太平宏簡錄良弼對曰臣得過蒙嘉惠雖鷁薄敢不盡心聖諭諄諄臣等不勝萬幸良弼請於榷場市馬毋拘牝牡今官馬甚少一旦邊境有警免調於民四字依宏簡錄上從之金史本傳八年選女直人爲侍衛親軍上聞其中多不閑弓矢詔良弼與平章思敬督使諸人習射同知清州防禦事常德暉上言刺史縣令多不得人吏部格法止敘年勞雖有材能拘滯下位乞密加訪察然後廉問上是其言語以卿等注意選擇對曰女直契丹人須是曾習漢人文字然後可方今多爲黨與或稱譽於此或見毀於彼所

以難也上日所以寄加體察正謂此也（宏簡錄）進拜左丞相監修國史如故艮弼爲相既久練達朝政上所詢訪盡誠開奏垂紳正笏不動聲氣議政多稱上意以母憂去起復舊職（金史本傳）時每旦暮日色皆赤問何應驗對曰旦而色赤應在東高麗當之暮而色赤應在西夏國當之願陛下修德以應天則災變自弭矣未幾夏國任得敬挾其主李仁孝分國之半來奏羣臣多言此外國事從之可也艮弼獨謂恐非仁孝本心不可從與上意合既而其國果誅得敬上表來謝參知政事宗敘請置沿邊壕塹艮弼言敵國果來此

豈可禦徒勞民爾遂止上疑高麗國王晛表讓國於其弟晧以問良弼對曰此弑而篡何名爲讓宏簡錄其後趙位寵求以四十州來附果言王晧弑其兄晛如良弼策金史本傳時罷採訪官上語宰臣官吏善惡何由知之對以臣等當爲陛下察訪上曰果然但勿使名實混淆耳宏簡錄以進睿宗實錄賜通犀帶重綵是年有事南郊良弼爲大禮使自收國以來未嘗講行是禮歷代典故又多不同良弼討論損益多合其宜八服其能上與良弼守道論明安穆昆官多年幼不習教訓無長幼之禮曩時鄉里老者輒教導之今或謂

事不在已而不問或非其職而入不從可依漢制置鄉老選廉潔正直可爲師範者使教導之良弼奏曰聖慮及此億兆之福也他日上問曰朕觀前史有在下位而存心國家直言爲民者今無其人何也良弼曰今豈無其人哉蓋以直道而行反被謗毁禍及其身是以不爲也大定十四年歲在甲午大興尹璋爲賀宋正旦使宋人就館奪其國書金史本傳璋還詔以刑部尚書梁肅爲宋國詳問使梁肅傳時衆議紛紛謂凡午年必用兵上以問良弼對曰太祖皇帝以甲午年伐遼太宗皇帝以丙午年克宋今兹宋人奪我國書

而適在午年故有此語未必然也既而梁肅至宋宋
主起立授國書如舊儀梁肅既還世宗大喜欲以肅
爲執政良弼曰梁肅可相但使宋還即爲之宋人自
此輕我矣梁肅傳　上乃止未幾宋主遣工部尚書張子
顏知閤門事劉密來祈請其書曰言念眇躬夙承大
統荷上國照臨之惠尋盟遂踰於十年修兩朝聘問
之勤繼好靡忘於一日惟是書函之受當新賓接之
儀嘗空臆以屢陳飭行人而再請仰祈睿顧俯賜矜
從上與大臣議良弼奏曰宋國免稱臣爲姪免奉表
爲書恩賜亦已多矣今又乞免親接國書是無厭也

必不可從平章政事完顏守道參知政事伊喇原作利喇
道與艮弼議合左丞石琚右丞唐古原作唐括安禮以爲
不從所請必至於用兵上謂琚等曰卿等所言非也
所請有大於此者更欲從之乎遂從艮弼議答其書
略曰彿循定分之常復有授書之請謂承大統愈見
自尊奈何以若所爲倘求其欲夠曰已行之禮靡得
而更授受禮儀終不可改上問宰臣嘗詔內外官舉
賢未聞有舉者何也艮弼曰前詔朝官六品以上外
官五品以上各舉所知盍申明前詔從之上欲徙幹
罕逆黨分散置之遼東艮弼奏此輩已經赦宥徙之

恐生怨望上曰此目前利害朕爲子孫後世慮耳艮弼曰非臣等所及也於是以嘗預亂者徙置上京濟州等路八字依詳校本改正上問宰臣曰堯有九年之水湯有七年之旱而民不病饑今一二歲不登而民乏食何也對曰古者崇尚節儉而又惟農是務故蓄積多而無饑饉之患也今地狹民衆又多棄本逐末耕之者少食之者衆故一遇凶歲而民已病矣上深然之於是命有司懲戒荒縱不務生業者十七年以疾辭相位不許告滿百日詔賜告遣太醫診視屢使中使問疾艮弼在告旣久省多滯事上以問宰相參政張

汝弼對曰無之上曰豈曰無之自今疑事久不能決者當具以聞十八年表乞致仕歸田里上遣使慰諭之曰卿比以疾在告朕甚憂之今聞卿將往西京養疾彼中風土非老疾所宜京師中倦於人事若就近都佳郡居處待疾少間速令朕知之良弼奏曰臣遭遇聖明濫膺大任夙夜憂懼以至成疾比蒙聖恩數遣使存問賜以醫藥臣之苟活至今皆陛下之賜也臣豈敢望到鄉里便可愈疾臣去鄉歲久親識多已亡沒惟老臣獨在鄉土之戀誠不能忘臣竊惟自來人臣受知人主無逾臣者臣雖粉骨碎身無以圖報

若使一還鄉社得見親舊則死無恨矣上問宰相曰丞相頁弼必欲歸鄉里朕以世襲明安封其子符寶哈達(原作曷達)俾之侍行何如右丞相完顏守道曰不若以明安授頁弼使其子攝事上從之於是授和掄松科(原作胡論宋葛)明安給丞相俸傔頁弼乃致仕歸上謂宰相曰卿等非不盡心但才力不及頁弼所以惜其去也其後尚書省奏差除上曰丞相頁弼擬注差除未嘗苟與不當得者薦舉往往得人鈕祜祿(原作粘合)額特埒(原作訛特剌)伊喇(原作利剌)愷費摩(原作裴滿)餘慶皆其所舉至於私門請託絕然無之(金史本傳)其見知如此(鄂博庫傳)是歲

薨年六十上悼惜之遣太府監伊喇慥同知西京留守王佐爲敕葬祭奠使賻白金綵幣加等喪葬皆從官給追封金源郡王命翰林待制伊喇履勒銘墓碑謚誠敏良弼性聰敏忠正善斷決言論器識出入意表雖起寒素致位宰相朝夕惕惕盡心於國謀慮深遠薦舉人材常若不及居家清儉親舊貧乏者周給之與人交久而逾敬居位幾二十年以成太平之功號賢相焉明昌五年配享世宗廟廷金史本傳

完顏守道本名實誳埒原作習泥烈以祖古新功擢應奉翰林文字皇統九年同知盧龍軍節度使事歷獻祁

濱薊四州刺史世宗幸中都過薊父老遮道請留再任平章政事伊喇原作利剌元宜舉以自代於是遷昭毅大將軍授左諫議大夫內族晏以恩舊拜左丞相守道諫曰陛下初即位天下略定邊警未息方大有爲之時恐晏非其材必欲親愛莫若厚與之祿俾勿事事乃授以太尉致仕世宗錄扈從將士之勞欲行賞賚而帑藏空竭議貸民以與之守道曰人罹虐政方喜更生今仁恩未及而徵斂遽出如羣望何胥出宮中所有無出於民遂從其言契丹叛遼東明安穆昆在其境者或附從之朝議欲徙之內地守道極諫其

不可石副元帥默音(原作謀衍)將兵討賊(金史本傳)以貪鹵掠(默音傳)久無功(志甯傳)守道力言於朝詔遣布薩(原作僕散)忠義赫舍哩(原作紇石烈)志甯往代之(金史本傳)受任責成(忠義傳贊)東方已平大定二年宮中十六位火方事完葺時已入夏頗妨民力守道諫而罷未幾改太子詹事兼右諫議大夫馳驛規畫山東兩路軍糧及振民饑守道籍大姓戶口限以歲儲使盡輸其贏入官復給其直是以軍民皆足拜參知政事兼太子少保守道懇辭世宗諭之曰乃祖勳在王室朕以悉卿忠謹以是擢用無爲多讓時契丹餘黨未附者尚衆北京臨潢

泰州民不安詔守道佩金符往安撫之給羣牧馬千匹以備軍用遂招致契丹𤰞敦紐赫原作骨迭聶合等內附民以寗息進尚書左丞兼太子少保嘗從獵近郊有虎傷獵夫帝欲親射之叩馬極諫而止俄拜平章政事十四年宋人遣使因陳請免接書事免字依詳校本改守道等以爲不可許卒從之既而兼右丞相監修國史復遷左丞相授世襲穆昆二十年修熙宗實錄成帝因謂曰卿祖古新行事有未當者尚不爲隱見卿直筆也尋請避賢路帝不許進拜太尉尚書令授左丞相諭之曰丞相之位不可虛曠須用老成人故復以

卿處之卿宜悉此未幾復乞致仕帝曰以卿先朝勳
臣之後特委以三公重任自秉政以來效竭忠勤朕
甚嘉之今引年求退甚得宰相體然未得代卿者是
以難從汝勉之哉二十五年坐擅支東宮諸皇孫食
廩奪官一階尋改兼太子太師特錄其子珪襲穆昆
充符寶祗候章宗爲原王詔習騎鞠守道諫曰哀制
中未可帝曰此習武備耳自爲之則不可從朕之命
庸何傷乎然亦不可數也二十六年懇求致仕優詔
許之特賜宴於春和史作慶春依詳校本改殿帝手飲以卮酒
錫與甚厚以其子珪侍行又賜次子璋進士第明昌

四年卒年七十四上聞之震悼遣其弟點檢司判官富德致祭賻銀千兩重綵五十端絹五百疋太常議謚曰簡憲上改曰簡靖蓋重其能全始終云金史本傳

唐古安禮本名烏楞古原作斡魯古字子敬金史本傳又字仲和部曲錄上京刷原作率河人唐古德溫傳金主亮之妹婿也部曲錄好學通經史本傳極能文部曲錄工詞章知爲政大體金史本傳復知兵部曲錄貞元中入爲翰林侍讀學士改濬州防禦使彰化軍節度使大定初遷益都尹召爲大興尹金史本傳時年尚少有治才禁止京師訛言祗府中姦吏宿弊不爲因仍宏簡錄迴午休吏燕雀語堂下

人不知有官府（玉堂佳話）察廉入第一等進階榮祿大夫拜參知政事（此依詳校本移上）屢奏獄空詔賜宴勞之（宏簡錄）初安禮娶金主之妹妹死欲妻以女辭以不宜娶妻姪强之不可金主怒以抗敕坐之（北行日錄）龍橫海軍節度使歷河南尹南京留守以喪去數年不召石琚薦其忠直起復尙書右丞上憫南路女直戶頗貧乏漢戶租佃田土所得無幾費用不給詔凡成丁者簽入軍籍月給錢米於山東路沿邊安置令宰臣議安禮奏曰明安人與漢戶今皆一家彼耕此種皆是國人即日簽軍恐妨農作（宏簡錄）上責安禮曰朕謂卿有知

識每事專倣漢人若無事之際可務農作度宋人之意且起爭端國家有事農作奚暇卿習漢字讀詩書姑置此以講本朝之法前日宰臣皆女直拜卿獨漢人拜是耶非耶所謂一家者皆一類也女直漢人其實則二朕即位東京契丹漢人皆不往惟女直人偕來此可謂一類乎又曰朕夙夜思念使太祖皇帝功業不墜傳及萬世女直人物力不困卿等悉之因以有益貧窮明安人數事詔左司郎中鈕祜祿原作額粘合特埒原作訛特刺使書之百官集議尚書省金史本傳十七年詔遣完顏托克索原作靚古速行邊從行契丹雅爾原作押刺

四人自邊亡歸達實原作大石上聞之曰達實在夏國西北昔斡罕原作窩斡爲亂契丹等響應朕釋其罪俾復舊業遣使安輯之反側之心何猶未已若達實使人間誘必生邊患乃遣同簽樞密院事赫舍哩額頁原作紇石烈與吏部郎中費摩原作裴滿餘慶翰林院修撰伊喇原作移剌也傑徙西北路契丹人嘗預斡罕亂者上京濟州等路安置以兵部郎中伊喇子元爲西北路招討都監與額頁同催發宏簡錄詔子元曰卿可諭徙上京濟州契丹人彼地土肥饒可以生殖金史本傳俾與女直人雜居男婚女聘漸化成俗亦汝等久安之計也仍遣明

安一員以兵護送而東所經道路勿令與羣牧相近
脫或有變卽便討滅俟其過嶺卿卽還鎮宏簡錄上已
遣額頁子元等謂宰臣曰海陵時契丹人尤被信任
終爲叛亂羣牧使鶴壽駙馬都尉賽音原作賽一昭武大
將軍珠勒呼原作朮魯古金吾衛上將軍布敦原作蒲都皆被
害賽音等皆功臣之後在官時未嘗與契丹有怨彼
之野心亦足見也安禮對曰聖主溥愛天下子育萬
國不宜有分別上曰朕非有分別但善善惡惡所以
爲治異時或有邊釁契丹豈肯與我一心哉他日上
又曰薦舉大臣之職外官五品猶得舉人宰相無所

舉何也安禮對曰孔子稱才難賢人君子世不多有陛下必欲得人當廣取士之路區別器使之斯得人矣上曰除授格法不倫奉職皆閥閱子孫朕所知識有貧考出身月日親軍不以門第收補無廕者不至武義不得出職但以女直人有超遷官資故出職反在奉職上天下一家何爲若此四字依宏簡錄對曰祖宗以來立此格恐難輒改轉左丞與右丞富察原作蒲察通同日拜上謂之曰朕今年五十有五若過六十必倦於政事宜及朕之康强凡女直明安穆昆當修舉者改定法令宗族中鮮有及朕之壽者朕頗習女直舊風

子孫豈能知之况政事乎卿等宜悉此意上又曰大
理寺事多留滯宰執不督責之何也金史本傳對以案牘
疑難者舊例給限上曰舊例有是有非今不究其事
胡可輒給以限久之又語宰臣御史臺官亦與親知
往來否皆曰往來殊少上曰臺官當盡絶人事諫官
記注官與聞議論亦不可與人游從對曰親知之間
恐不可盡絶上曰職任如是何恤人言俄拜平章政
事封芮國公授世襲穆昆宏簡錄上諭安禮前代史書
詳備今祖宗實錄太簡略對曰前代史皆成書有帝
紀列傳他日修史時亦有帝紀列傳其詳自見於列

傳也安禮嘗議科目言於上曰臣觀近日士人不以
策論爲意今若詩賦策論各場考試文理俱優者爲
中選以時務策觀其器識庶得人也上曰卿等議之
上謂宰臣曰賞有功不可緩緩賞無以勸善對曰古
所謂賞不踰時者正謂此也二十一年拜右丞相進
封申國公固辭曰臣備位宰相無補於國家夙夜憂
懼惟恐得罪上負陛下下負百姓臣實不敢受丞相
位惟陛下擇賢於臣者用之上曰朕知卿正直與左
丞相錫馨原作習顯無異且練習政事無出卿之右者其
毋多讓安禮頓首謝是歲甕泰和元年配享世宗廟

廷金史本傳

完顔薩哈原作撒改上京納爾琿原作納魯悔河人也其先居於烏楞古原作兀冷窟河身長多力善用槍王師南征睿宗爲右副元帥置之麾下佩以軍牌使督軍事天德元年授本班祗候郎君詳袞其後從軍泰州路軍帥以薩哈爲萬戶領尼楚赫原作銀木可等明安戍北邊數有戰功二年正月海陵庶人遣使夏國諭以即位事因令俟彼之意既還稱旨爲尚書兵部郎中改同知會甯尹遷塔剌部族節度使改額勒本原作歐里本羣牧使爲海蘭原作孩懶路都總管海陵代宋授衞州防禦使

爲武震軍都總管世宗即位遣使召薩哈既至除昌
武軍節度使已而爲山東路元帥副都統改安化軍
節度使兼副都統如故四年徙鎮安武仍兼副都統
領山東大名東平三路軍八萬餘渡淮會大軍伐宋
進至楚州宋遣使奉歲幣還邳州卒金史本傳

吉林通志卷八十四

人物志十三 金十二

完顔鄂博庫　温特赫伊蘇瑪勒

富珠哩伊隣罕　布薩揆

宗浩　瓜爾佳清臣

完顔薩布　持嘉烏新

完顔仲德

完顔鄂博庫原作兀不喝會寧府海古勒原作海姑寨人年十

三充女直字學生補上京女直吏再習小字兼通契

丹文字充尚書省令史天德初除吏部主事鞫問扎

蘭原作押懶路詐襲穆昆事人稱其能擢右拾遺海陵謂之曰朕始聞汝名試以吏部主事今訐其實優於所聞遠矣累遷右司郎中從海陵伐宋至淮南聞世宗卽位於遼陽鄂博庫入白其事海陵沈思良久曰卿等始聞之邪我已知之遣人往矣此大事勿泄於外大定二年秩滿當代世宗喜其善數奏特詔再任謂宰臣曰鄂博庫爲人公忠後來有如斯人者卿等宜薦之其見知如此金史本傳斡罕原作窩斡已平詔罷契丹明安穆昆其元管戶口皆隸女直遣往區處分置人戶贍貧乏其未嘗爲亂與來降者仍舊若未經罷去明

安穆昆合承襲者仍許承襲兼括買契丹馬匹尋改同知大興尹遷橫海軍節度使初到官獄囚能得其情人以為不冤五年卒於官宏簡錄

溫特赫伊蘇瑪勒原作溫迪罕移室懣卒賓原作速濱屯茂赫辰原作懣歡春人徙上京和掄舍哩原作忽論失懶兄卓諾原作术輦國初有功授世襲穆昆伊蘇瑪勒性忠正強毅善射有膂力皇統初襲兄穆昆積戰功為洮州刺史謂人曰穆昆兄職也兄子烏楞古原作斡魯古今已長矣遂以穆昆讓兄子宗弼聞之曰能讓世襲可謂難矣除貴德州刺史改伊勒敦乣詳袞烏庫哩原作烏古論部族節度使

改昌德軍正隆四年大徵兵南伐泰州明安定遠阿巴原作阿補以所部叛還與七穆昆兵執之勒其衆以付大軍金史本傳契丹反卒數千人殺賊萬餘於雅哈原作伊改河以功遷臨潢尹宏簡錄世宗即位賜手詔曰南征諸將士及卿子姪安遠烏楞古蘇布特原作斜普兄弟具甲仗悉來推戴朕勉即大位卿累世有功耆舊之臣緣邊事未甯臨潢劇任姑仍舊職聞樞密副使白彦敬原作紇約索南京留守赫舍哩原作紇石烈志甯來討契丹今已遣人往招之其家皆在南京恐或遁去兼起異謀若至則已若不至卿當以計執而獻之兩次遣人招誘

招討都監老和尚去人不知彼之所在久而不還兼老和尚不知朕已即位卿可使人諭以朕意如來降悉令復舊邊關之事可設耳目是時斡罕原作窩斡已反領兵數萬來攻臨潢諸路軍未至斡罕勢益大伊蘇瑪勒領城中軍士六百人邀擊斡罕數接戰剿殺甚衆所乘馬中流矢而仆爲賊所執使招城中人曰生死在頃刻能使城中出降官爵如故不然殺汝矣伊蘇瑪勒罵賊曰我受國家爵祿肯從汝叛賊乎賊執之至城下迫脅之使招城中其妻子官屬將士登城臨望伊蘇瑪勒厲聲曰我恨軍少不能滅賊人生會

有一死耳汝輩慎勿降賊一旦開門納賊城中百姓皆被殺掠毋以我故敗國家事賊無能爲賊怒殺之城中人皆爲之感激推官麻珪益繕完城郭右監軍實圖美原作神土懣輔國上將軍阿索美原作阿思懣乘城固守賊不克攻遂引衆東行金史本傳大定之初斡罕橫噬有弗戢之畏焉志甯傳贊伊蘇瑪勒死得其所忠義傳序固所謂賢也志甯傳贊記曰君子聽磬聲則思死封疆之臣傳曰疆場之事慎守其一而備其不虞故守戍邊圉之臣不可以不論焉本傳贊

富珠哩阿噒罕原作孛朮魯阿魯罕隆州伯爾克原作琶离葛山人

年八歲選習契丹字再選習女直字旣壯爲黃龍府路萬戶令史貞元二年試外路胥吏三百人補隨朝阿噒罕在第一補宗正府令史累擢尚書省令史布薩忠義討斡罕原作窩斡辟置幕府掌邊關文字甚見信任賊平阿噒罕招集散亡復業者萬人金史本傳大定二年忠義傳復從忠義伐宋屢入奏事論列可否上謂宰相曰阿噒罕所言可行者卽行之宋人請和忠義使阿噒罕往和議定復入奏賜銀百兩重綵十端忠義薦阿噒罕有才幹可任尚書省都事詔以爲大理司直未幾授尚書省都事除同知順天軍節度使赫舍

哩原作紇石烈志甯北巡阿噒罕攝左右司郎中還朝再遷侍御史上問赫舍哩良弼曰阿噒罕何如人也對曰有幹才持心忠正出言不阿順數日遷勸農副使兼同修國史侍御史如故改右司郎中奏請徙河南戍軍屯營城中者於十里外從之遷吏部侍郎除山東路統軍都監徙置河南八明安遷武勝節度使金史本傳二十二年十一月充賀宋正旦使交聘表入爲吏部尚書改西南路招討使有司督本路明安八戸所貸官粟阿噒罕乞俟豐年從之軍人以甲葉貿易諸物天德榷場及界外歲采銅礦或因私挾兵鐵與之市

易皆一禁絕之上番軍不許用親戚奴婢及傭僱者營塹損圮以時葺治不與所部明安穆昆會宴故兵民皆畏愛之上謂太尉守道曰阿⿰口粦罕及上京留守完顏烏哩雅（原作斡里也）皆起身胥吏阿⿰口粦罕為人沈厚其賢過之改陝西路統軍使兼京兆尹（金史本傳）二十八年四月（世宗紀）召為參知政事（金史本傳）吏員入相止此一人（八字依詳校本增）異數也（宗室勗傳）先是陝西軍籍有闕舊例用子弟補充而材多不堪用阿⿰口粦罕於旗鼓手內選補軍人以春牧馬經夏不收飼瘠弱多死阿⿰口粦罕命以時收秣之春秋督閱軍士騎射以嚴武備終南採

漆者節其期限檢其出入以防奸細上謂宰相曰阿噒罕所至稱治陝西政蹟尤著用之雖遲亦可得數年力也命條上天德陝西行事上稱善以疾乞致仕除北京留守卒（金史本傳）

布薩（原作僕散）揆本名臨喜其先上京人左丞相兼都元帥沂國武莊公忠義之子也少以世胄選爲近侍奉御大定十五年尚韓國（傳有大長字依詳校本删）公主擢器物局副使特授臨潢府路哈沙河（原作赫沙阿）世襲明安歷近侍局副使尚衣局使拱衛直副都指揮使爲殿前左衛將軍（金史本傳）坐與外人竊議罷歸田里（宏簡錄）尋起爲

灤州刺史改蠡州入爲兵部侍郎大理卿刑部尚書章宗卽位出爲泰定軍節度使改知臨洮府事以政蹟聞升河南路統軍使陝西提刑司事挨剛直明斷獄無寃滯禁戢家人百姓莫識其面積石洮二州舊寇皆遁商旅得通於是進官一階仍詔褒諭金史本傳明昌四年坐嘗稱鄭王永蹈免死除名宏簡錄未幾復五品階起爲同知崇義軍節度使事以戰功遷西北路副招討進官七階賜金馬盂一銀二百兩重綵一十端復以戰功升西南路招討使兼天德軍節度使賜金五十兩重綵一十端復出禦邊轉戰出塞七百里

至齊呼勒圖（原作赤胡覩）地而還優詔褒諭遷一官仍許其子安貞尚邢國長公主且許揆入謝禮成歸鎮會韓國公主薨揆來赴上諭之曰北邊之事非卿不能辦乃賜戰馬二匹日遣還揆沿徼築壘穿塹連亘九百里營柵相望烽候相應人得恣田牧北邊遂甯復以手詔褒諭且欲大用（金史本傳）承安四年二月（章宗紀）以知興中府事赫舍哩（原作紇石烈）子仁代之敕盡以方略授子仁既入拜參知政事（金史本傳）四月請罷諸路提點刑獄從之五月庚戌上諭宰臣曰諸路旱或闕執政今惟大興宛平兩縣不雨得非其守令之過與揆上

表待罪上令還職（章宗紀）改授中都路額特赫格們（原作胡土愛格鸞）世襲明安進拜尚書右丞尋出經略邊事還拜平章政事封濟國公泰和五年宋人渝盟以揆爲宣撫河南軍民使上諭之曰朕即位以來任宰相未有如卿之久者若非君臣道合一體同心何以及此先丞相亦嘗總師南邊效力先朝今復委卿諒無過舉朕非好大喜功務要甯靜內外宋人屈服無復可議若不知改可整兵渡淮埽蕩江左以繼爾先公之功即以尚廐名馬玉束帶內府重綵及御藥賜之揆至汴蒐練軍士軍聲大振會天壽節特遣其子安貞

賜宴且命持白玉杯以飲揆及上秋獮以史作所依詳校本改親獲鹿尾舌爲賜金史本傳時宋殿帥郭倪濠州守將田俊邁誘虹縣民蘇貴等爲閒河南帥臣亦屢縱諜往往利俊邁之賂反爲遊說皆言宋之增戍本虞他盜及聞行臺之建亦畏讋不敢去備且兵皆白丁自裏糧糒窮蹙饑疫死者十二三由是中外信之宣撫司以宋三省樞密院及盱眙軍諜來上又皆鐫黜邊臣爲辭揆因請罷司從之又奏罷臨洮德順秦鞏新置弓箭手章宗紀召揆還六年春宋人復數路來侵取泗州取靈壁團壽春命揆爲左史作右依詳校本改副元帥以討

之揆至軍前集諸將校告以朝廷弔伐之意分遣將士禦敵復取臨淮蘄縣而符離壽春之圍亦解去敵屢敗衄悉遁出境上卽遣提點近侍局烏庫哩原作烏古論慶壽持手詔勞問征討事宜仍賜玉具劒一玉荷連盞一金器一百兩重綵一十端尋復以詔褒諭賜玉鞍勒馬二及玉具佩刀內府重綵御藥以旌其功宋人旣敗退上欲進討乃詔揆赴闕戒以師期宴於慶和殿親諭之曰朕以趙擴背盟侵我疆埸命卿措畫曾未期月諸處累報大捷振我國威挫彼賊鋒皆卿之力朕不能忘是日寵錫甚厚特收其次子甯壽

爲奉御乃密授以成算俾還軍十月傳作十一月依詳校本改撥
總大軍南伐分兵爲九路進撥以行省兵三萬出潁
壽至淮宋人旅拒於水南撥密遣人測淮水惟八疊
灘可涉即遣鄂屯驤揚兵下蔡聲言欲渡宋帥何汝
礪姚公佐悉鋭師屯花靨以備撥乃遣右翼都統完
顔薩布原作賽不先鋒都統納喇原作納蘭邦烈潛渡八疊南
岸撥揮大軍直壓其陣敵不虞我卒至皆潰走自相
蹂踐死於水者不可勝計進奪潁口下安豐軍遂攻
合肥取滁州盡獲其軍實上遣使諭之曰前得卿奏
先鋒已奪潁口偏師又下安豐斬馘之數各以萬計

近又西帥奏捷襄陽光化旣爲我有樊城鄧城亦自
潰散又聞隨州閩城歸順山東之衆久圍楚州隴右
之師剋期出界卿提大兵攻合肥趙擴聞之料已破
膽失其神守度彼之計乞和爲上昔嘗畫三事付卿
以今事勢計之徑渡長江亦其時矣淮南旣爲我有
際江爲界理所宜然如使趙擴奉表稱臣歲增貢幣
縛送賊魁還所俘掠一如所諭亦可罷兵卿宜廣爲
渡江之勢使彼有必死之憂從其所請而縱之僅得
餘息偷生豈敢復萌他慮卿於此時經營江北勞徠
安集除其虐政橫賦以良吏撫字疲民以精兵分守

要害雖未係趙擴之頸而朕前所畫三事上功已成矣前入見時已嘗議定今復諄諄者欲決卿成功爾機會難遇卿其勉之既而宋帥邱崈果奉書乞和揆以前五事諭而遣之復進軍圍和州敵以騎萬五千駐六合揆偵知之即以右翼掩擊斬首八千級進屯於瓦梁河以控眞揚諸路之衝乃整列軍騎畢張旗幟沿江上下皆金兵焉於是江表震恐宋眞州兵數萬保河橋復遣統軍赫舍哩子仁往攻之分軍涉淺潛出敵後敵見之大驚不戰而潰斬首二萬餘級生擒其帥劉侹常思敬蕭從德莫子容皆宋驍將也遂

下眞州宋復遣陳壁來告和揆以乞辭未誠徒欲緩
師卻之宋人既喪敗不獲請成乃決巨勝成公雷塘
渚積水以爲阻盡焚其廬舍儲積過江遁去揆以方
春地溼不可久留且欲休養士馬遂振旅而還次下
蔡遇疾詔遣宣徽使李仁惠及其子寗壽引太醫診
視仍遣中使撫問泰和七年薨訃聞上哀悼之輟朝
遣使迎喪殯於都城之北百官會弔車駕臨奠哭之
賻銀一千五百兩重幣五十端絹五百疋其葬祭物
皆從官給諡曰武肅揆體剛內和與物無忤臨民有
惠政其爲將也軍門鎭靜賞罰必行初渡淮即命撤

去浮梁所至皆因糧於敵無餽運之勞未嘗輕用士卒而與之同甘苦人亦樂爲之用故南征北伐爲一代名將云金史本傳子安貞甯壽

安貞本名阿海尙邢國長公主加駙馬都尉襲父明安歷官山東路安撫使以戰功遷徐州行樞密副使事貞祐四年尙書省奏其謀叛宣宗疑不實語平章英王守純覆案之質成其誣幷其二子殺之以祖忠義父揆有大功免兄弟緣坐嘗言三世爲將道家所忌至是果應宏簡錄安貞傳

宗浩字師孟本名老宏簡錄作老漢昭祖四世孫太保兼都

元帥漢國公昂之子也貞元中爲海陵入殿實逹爾原作小底世宗即位遼陽昂遣宗浩馳賀世宗見之喜命充符寶祗候大定二年冬昂以都元帥置幕山東宗浩領萬戶從行仍授山東東路兵馬都總管判官丁父憂起復承襲伊綿烏爾袞原作因閔斡魯渾明安授河南府判官以母喪解服闋授同知陝州防禦使事察廉能第一等進官一階升同知彰化軍節度使事累遷同籤樞密院事改哈斯罕原作曷蘇館節度使世宗謂宰臣曰宗浩有才幹可及者無幾二十三年徵爲大理卿踰年授山東路統軍使兼知益都府事陛辭世宗

諭之曰卿年尚少以卿近屬有治迹故以此授卿宜
體朕意因賜金帶遣之金史本傳二十六年爲宋生日使
還授刑部尚書俄拜參知政事章宗即位出爲北京
留守轉同判大睦親府事北方有警命佩金虎符發
上京等路軍萬人駐泰州便宜從事時以糧儲未備
且度敵未敢動遂分其軍就食隆肇間是冬果無警
宏簡錄北部光嘉喇原作廣吉剌者尤桀驁屢脅諸部入塞
宗浩請乘其春暮馬弱擊之時凖布原作阻𩨊亦叛内族
襄行省事於北京詔議其事襄謂若攻破光嘉喇則
凖布無東顧憂不若留之以牽其勢宗浩奏國家以

堂堂之勢不能埽滅小部顧欲藉彼爲捍乎臣請先破光嘉喇然後提兵北滅準布章再上從之詔諭宗浩曰將征北部固卿之誠更宜加意毋致後悔宗浩覘知哈達濟原作合底忻與博斯和原作婆速火等相結光嘉喇之勢必分彼旣畏我見討而復掣肘仇敵則理必求降可呼致也因遣主簿薩原作撒領軍二百爲先鋒戒之曰光嘉喇降可就徵其兵以圖哈達濟仍覘餘部所在速使來報大軍當進與汝擊破之必矣哈達濟者與占楚琿原作山只昆皆北方別部恃強中立無所覊屬往來準布光嘉喇間連歲擾邊皆二部爲之也

薩入敵境光嘉喇果降遂徵其兵萬四千騎馳報以待宗浩北進命人齎三十日糧報薩會於伊瑪原作伊米河共擊敵而遣人誤入博斯和部由是東軍失期宗浩前軍至特爾格原作忒里葛山遇占楚琿所統舒嚕歡塔原作石魯渾灘兩部擊走之斬首千二百級俘生口車畜甚衆進至和碩原作呼歇水敵勢大蹙於是哈達濟部長布古台原作白古帶占楚琿部長呼巴拉原作胡必剌及博斯和所遣和和原作和火者皆乞降宗浩承詔諭而釋之呼巴拉言所部必里克圖原作必列土近在伊瑪河不肯偕降乞討之乃移軍趨伊瑪與必里克圖遇擊之斬首

三百級赴水死者十四五獲牛羊萬二千車帳稱是哈達濟等恐大軍至西渡伊瑪棄輜重遁去薩與光嘉喇部長塔里琿原作忒里虎追躡及之斡里雅布原作窊里不水縱擊大破之博斯和九部斬首溺水死者四千五百餘人獲駝馬牛羊不可勝計軍還博斯和乞內屬并請置吏上優詔褒諭遷光祿大夫以所獲馬六千置牧以處之明年宴賜東北部尋拜樞密使封榮國公初朝廷置東北路招討司於泰州去境三百里每敵入比出兵追襲敵已遁去至是奏徙之金山以據要害設副招討二員分置左右由是敵不敢犯會

中都山東河北屯駐軍人地土不贍官田多爲民所
冒占命宗浩行省事詣諸道括籍凡得地三十餘萬
頃還坐以倡女自隨爲憲司所糾出知眞定府事徙
西京留守復爲樞密使進拜尚書右丞相超授崇進
時懲北邊不甯議築壕壘以備守戍廷臣多異同平
章政事張萬公力言其不可宗浩獨謂便乃命宗浩
行省事以督其役功畢上賜詔褒賚甚厚薩里原作撒里
部長圖古勒原作陁括里入塞宗浩以兵追躡與布薩揆
軍合擊之殺獲甚衆敵遁去徵還入見優詔獎諭蹤
遷儀同三司金史本傳賜玉東金器重幣宏簡錄進拜左丞

相宋八畔盟王師南伐會平章政事揆病乃命宗浩
兼都元帥往督進討宗浩馳至汴大張兵勢親赴襄
陽巡師而還宋人大懼乃命知樞密院張巖以書乞
和宗浩以辭旨未順卻之仍諭以稱臣割地縛送元
謀姦臣等事巖復遣方信孺齎其主趙擴誓書來且
言擴併發三使將賀天壽節及通謝仍報其祖母謝
氏殂致書於都元帥宗浩曰方信孺還遠貽報翰及
所承鈞旨仰見以生靈休息爲重曲示包容矜軫之
意聞命踴躍私竊自喜即具奏聞備述大金皇帝天
覆地載之仁與都元帥海涵春育之德旋奉上旨亟

遣信使通謝宸庭仍先令信孺再詣行省以請定議
區區之愚實恃高明必蒙洞照重布本末幸垂聽焉
兵端之開雖本朝失於輕信然痛罪姦臣之蔽欺亦
不爲不早自去歲五月編竄鄧友龍六月又誅蘇師
旦等是時大國尚未嘗一出兵也本朝即捐已得之
泗州諸軍屯於境外者盡令撤戍而南悔艾之誠於
茲可見惟是名分之諭今昔事殊本朝皇帝本無佳
兵之意況關係至重又豈臣子所敢言江州之地特
爲屏蔽倘如來諭何以爲國大朝所當念察至於首
事人鄧友龍等誤國之罪固無可逃若使執縛以送

是本朝不得自致其罰於臣下所有歲幣前書已增
大定所減之數此在上國初何足以爲重輕特欲藉
手以見謝過之實倘上國諒此至情物之多寡必不
深計矧惟兵興以來連歲劓殘賦入屢竭若又重取
於民是基元元無窮之困竊計大朝亦有所不忍也
於通謝禮幣之外別致微誠庶幾以此易彼其歸投
之人皆雀鼠偷生一時竄匿往往不知存亡本朝旣
無所用豈以去來爲意當隆興時固有大朝名族貴
將南來者洎和議之定亦嘗約各不取索況茲瑣瑣
誠何足云倘大朝必欲追求尙容拘刷至如泗州驅

掠人悉當護送歸業夫締新好者不念舊惡成大功者不較小利欲望力賜開陳捐棄前過闊略他事玉帛交馳歡好如初海内甯謐長無軍兵之事功烈昭宣德澤洋溢鼎彝所紀方册所載垂之萬世豈有既乎重惟大金皇帝誕節將臨禮當修賀兼之本國多故又言合遣人使接續津發已具公移企望取接伏冀鑒其至再至三有加無已之誠亟踐請盟之諾卽底於成感戴恩德永永無極誓書副本慮往復遷延就以錄呈方信孺之來自以和議遂成輒自稱通謝使所參議官大定中宋人乞和以王抃爲通問使所

參議官信孺擾以爲例宗浩怒其輕妄囚之以聞朝
廷亦以爲行人而不能爭兩國之情將留之遣使問
宗浩宗浩曰今信孺事旣未集自知還必得罪拘之
適使他日有以藉口不若數其佻易而釋遣之使歸
自窮無辭以白其國人則擴侂胄必擇謹厚者來矣
於是遣之而復張巖書曰方信孺重以書來詳味其
辭於請和之意雖若婉遜而所畫之事猶未悉從惟
言當還泗州等驅掠而已至於責貢幣則欲以舊數
爲增追叛亡則欲以橫恩爲例而稱臣割地縛送姦
臣三事則並飾虛說弗肯如約豈以爲朝廷過求有

不可從將度德量力足以背城借一與我軍角一日勝負者哉以下依宏簡錄節本乃者帥府奉命征討未及出師姑以逐處隨宜捍禦所向摧破旋即底平爰及泗州不勞而復今乃自謂捐其已得斂軍撤戍以爲悔過之效是豈誠實之言據陝西宣撫司申報今夏宋人犯邊者十餘次並爲我軍擊退梟斬捕獲蓋以億計然則所來請和其理安在又言名分之諭今昔事殊者蓋大定之初失在正隆致南服不定故特施大恩易爲姪國以鎮撫之今以小犯大曲在於彼既以絕大定之好則復舊稱臣於理爲宜若以爲非臣子所

敢言豈皇統時獨敢言哉又謂江外之地將爲屏蔽
夫藩籬之固當守信義如不務此雖長江之險亦不
可恃何況區區兩淮之地乎昔江左六朝之時淮南
屢嘗屬於中國至後周顯德間南唐李璟獻廬舒蘄
黃畫江爲界亦皆能爲國今信孺齎到誓書乃云疆
界並依大國皇統與彼隆興年已畫爲定若是則不
言割彼之地翻欲得我之已有者豈理也哉又通謝
禮幣之外別備錢一百萬貫折金銀各三萬兩專以
塞再增幣之責及歲幣添五萬兩疋其言無可準止
是復皇統舊額而已安得爲增欽奉聖訓昔宣靖之

際棄信背盟我師問罪嘗割三鎮以乞和今既無故
興戎蔑棄信誓雖盡獻江淮之地猶不足以自贖況
彼國嘗自言叔父姪子與君臣父子略不相遠如能
依舊稱臣即許以江淮之間取中爲界如欲世爲子
國即當盡割淮南直以大江爲界陝西邊面並以大
軍已占爲定據元謀姦臣必使縛送緣彼欲自致其
罰可令函首以獻歲幣亦更添五萬兩疋以表悔謝
之責方信孺言語反覆不足取信如李大性朱致和
李壁吳琯輩似乎忠實可遣詣軍前稟議據信孺之
罪過於胡昉自古兵交使人容在其間姑放令回報

其後宋人竟請以叔爲伯增歲幣備犒軍銀亟姦臣韓侂胄蘇師旦首以獻而乞盟焉宏簡錄泰和七年九月薨於汴訃聞上震悼輟朝命其子宿直將軍天下奴奔赴喪所仍命葬畢持繪像至都將親臨奠以南京副留守張巖叟爲敕祭兼發引使莒州刺史鈕祜祿布格蘇原作女奚列孛葛速爲敕葬使仍摘軍前武士及旗鼓笛角五十人并隨行親屬官員親軍送至葬所賻贈甚厚謚曰通敏金史本傳

瓜爾佳清臣本名阿卜薩原作阿卜沙呼爾哈原作胡里改路罕都原作桓篤人姿狀雄偉善騎射皇統八年襲祖布達

原作駁達明安大定元年聞世宗即位率本部軍六千赴中都會之以功遷昭武大將軍金史本傳爲元帥志寧管押萬戸接應左都監完顔思敬逐斡罕原作窩斡餘黨敗之柔遠前至茂巴勒達原作抹拔里達之地悉擒之賊平遷鎮國上將軍知潁順軍事三年五月從志寧復取宿州捷聞授宿州防禦使移博州改西北路招討都監遷烏爾古實壘原作烏古十壘部族節度使宏簡録十二年授右副都點檢使宋還三字依世宗紀增遷左副都點檢出爲陝西路統軍使兼知京兆府事朝辭賜金帶廐馬仍諭之曰卿典禁兵日侍左右勤勞久矣故以是授卿

宜益思勉二十六年改西京留守閱三歲遷樞密副使金史本傳明昌元年立其女爲昭儀眷倚益重二年拜尚書左丞頃之進平章政事封芮國公四年遷右丞相監修國史時議籤軍戍邊上問漢人與夏人孰勇對曰漢人勇上曰何元昊擾邊宋終不能制對曰宋馭軍法不可得知今西南路人殊勝於彼未幾遷崇進改封戴國公人有以八陣圖來上者上問朕嘗觀宋白所集武經其載攻守之法亦多難行對曰兵書皆定法難以應變本朝行兵之術惟用正奇二軍臨敵制變以正爲奇以奇爲正故無往不克上曰自古

用兵亦不出奇正二法耳且學古兵法如學奕棋未能自得於心而欲用舊陣勢以接敵亦已疎矣尋以母老許賜告歸省五年二月省覲還謁上御凝和殿問卿母健否其壽幾何别相幾許對曰年八十三别十年幸頗強健上曰何不來此曰急於家務故不欲離耳上曰老人多如是復問呼爾哈路風俗何如對曰視舊則稍知禮貌而勇勁不及因言西南西北等路軍人其閑習弓矢亦非復曩時宏簡録六年遷儀同三司進拜左丞相改封密受命出師行尚書省事於臨潢府清臣遣人偵敵虛實以輕騎八千令宣徽使

伊喇敏原作移剌敏為都統左衛將軍充招討使完顏安
國為左右翼分領前隊自選精兵一萬以當後隊進
至哈里原作合勒河前隊敏等於榜栳濼攻營十四下之
回迎大軍屬部色撤原作斜出掩其所獲牛羊貲物以歸
清臣責其賧罰北準布原作阻轐由此叛去大侵掠上遣
責清臣命右丞相襄代之承安五年降授橫海軍節
度使兼滄州管內觀察使金史本傳尋致仕泰和二年薨
年七十子雅齊堪原作幺查剌襲明安宏簡錄初議征討清
臣主其事既而領軍出征雖屢獲捷而貪小利遂致
北邊不甯者數歲天下尤之金史本傳

完顏薩布原作賽不始祖弟博和哩原作保活里之後也狀貌魁偉沈厚有大略初補親衛軍章宗時選充護衛明昌元年八月由宿直將軍爲甯邊傳作甯化依詳校本改州刺史未幾遷武衞軍副都指揮使泰和二年轉呼爾哈原作胡里改路節度使四年升武衞軍都指揮使尋爲殿前左副都點檢從布薩原作僕散揆伐宋爲右翼都統六年六月宋將皇甫斌遣王統制三字依詳校本增率步騎數萬由確山褒信分路侵蔡金史本傳聞郭倬李爽敗阻溱水不敢進揆遣薩布等以騎七千往擊之會溱水漲宋兵扼橋以拒薩布等潛師夜出深州刺史完顏達

希布（原作達吉不）以騎涉水出其右副統尙廏局使布希萬努（原作蒲鮮萬奴）等出其左卒副統阿嚕岱（原作阿魯帶）以精兵直趨橋宋兵不能扼比明大潰萬努以兵斷眞陽路諸軍追擊至陳澤斬首二萬級獲戰馬雜畜千餘兵還進爵一級厚賜金幣貞祐初拜同簽樞密院事三年遷知臨洮府事兼陝西路副統軍召見諭曰卿向在西京盡心爲國及治華州亦嘗宣力今以陝西安撫使烏庫哩揚珠（原作烏古論兗州）不遵安撫使達希布節制多致敗事已責罰揚珠命卿副之宜益盡心八月轉知鳳翔府事兼本路兵馬都總管俄爲元帥右

都監遣提控實嘉（原作石盞）合喜楊斡烈等大敗夏人於定西獻捷京師命行省閲視其功賞之四年四月調兵拔宋木陡關斬首千級五月遣兵焚來羌城界河橋俘馘甚多八月夏人寇結耶觜川復擊走之尋又破其衆於車兒堡興定元年二月轉簽樞密院事（宏簡錄）時上以宋歲幣不至且復侵盜詔薩布討之四月與宋人戰於信陽斬首八千生擒統制周光獲馬數千牛羊五百又遇宋人於隴山七里山等處前後六戰斬獲甚衆尋遣兵渡淮略中渡店拔光山羅山定城等縣破光州兩關斬首萬餘獲馬牛及布分給將

士詔賜玉兔鶻一內府重幣十端七月上章言京都天下之根本其城池宜極高深今外城雖堅然周六十餘里倉卒有警難於拒守竊見城中有子城故基宜於農隙築而新之爲國家久長之利及凡河南陝西州府皆乞量修從之二年正月破宋人於鐵山及上石店唐縣四月進兼西南等路招討使西安軍節度使陝州管內觀察使奉詔攻棗陽宋出兵三萬拒戰稍誘擊之宋兵敗走城薄諸濠殺及溺死者三千餘人遂進兵圍之宋騎兵千步卒萬來援逆戰復大敗之七月遷行山東西路兵馬都總管兼武甯軍節

度使三年二月奪宋白石關殺其守者千餘人獲鎧仗千討三月破宋兵於七口倉又奪宋小鶻倉獲糧九千石兵仗三十餘萬是月復敗宋兵三千於石鶻崖四年三月奉詔出兵河北招降晉安權府事皇甫珪正平縣令席永堅率五千餘人來歸得糧萬石時河北所在義軍官民堅守堡寨力戰破敵者衆薩布上章言此類忠赤可嘉若不旌酬無以激人心乞朝廷量加官賞萬一敵兵復來將爭先效用矣上覽奏召樞密官曰朕與卿等亦嘗有此議以不見彼中事勢故一聽帥臣規畫今觀此奏甚稱朕意其令有司

遷賞之是年四月遷樞密副使五年五月奉詔引兵救河東戰屢捷復晉安平陽二城監察御史言其不能檢束士衆縱之虜略請正其罪上以有功詔勿問金史本傳御史納蘭又言其姪唐州守將訛論與宋人戰亦敗反以捷聞上皆不之罪獨稱納蘭敢言錄功付有司秩滿考最元光二年五月復河中正大元年五月拜平章政事未幾轉尚書右丞相封莘國公四字依詳校本增雅與參知政事李蹊相得及蹊以公罪出尹京洛薩布數薦蹊比唐魏徵以故蹊得復相三年將禘祭爲大禮使議配享宣宗功臣論者紛紜上言丞相

福興死王事齊勤原作七斤謹守河南以迎大駕功宜配享議遂定四年吏部郎中楊居仁上封事言宰相宜擇人上語大臣相府非其人御史諫官當言彼吏曹何與於此尚書左丞延扎舒嚕原作顏蓋世魯素嫉居仁附和上議薩布徐進曰天下有道庶人猶得獻言況在郎官陛下有寬宏之德故不當言者猶言使其言可用則行之不可用不必示臣下也上是之宏簡五年錄行尚書省於京兆謂都事商衡曰古來宰相必用文人以其知爲相之道薩布何知吾恐他日史官書之某時以某爲相而國乃亡即促衡草表乞致仕金史本傳

天興元年兵事急命宰執都堂會議平章政事侯摯
以國勢不支因論數事曰只是更無擘畫博索原作白撒
怒曰平章出此言國家何望耶意在置之不測薩布
顧謂博索曰侯相言甚當博索遂含憤而罷時元兵
薄汴博索策後日講和或出質必首相當行力請薩
布傾省事拜爲左丞相尋復致仕哀宗遷歸德復起
爲右丞相樞密使兼元帥封壽國公扈從以行河北
兵潰從至歸德又請致仕二年六月復詔行徐州尚
書省事既至以州乏糧遣郎中王萬慶會徐宿靈壁
兵取源州令元帥郭恩統之九月恩至源州城下敗

積而還再令卓翼攻豐縣破之初恩以敗爲恥託疾不行乃密與河北諸叛將郭野驢輩謀歸國用安執元帥商瑪父子及元帥左都監赫舍哩算卓（原作紇石烈善住）併殺之又逐都尉額哲埒訥（原作斡轉留奴）尼瑪哈（原作泥龐古）和勒端（原作桓端）富察（原作蒲察）世謀元帥右都監李居仁員外郎常忠自是防城與守門者皆河北義軍出入自恣薩布先病疽久不視事重爲賊黨所制束手聽命而已時蔡已被圍朝命阻絕且逼大兵徐州將士皆議出降薩布不從乃授郭野驢徐州節度副使兼防城都總領以羈縻之野驢見徐州空虛復約源州

叛將麻琮內外相應十月甲申詰旦襲破徐州薩布自縊於州第琮乃以州降元（宏簡錄）薩布臨陣對壘旣有將略洎秉鈞衡殊有相度晚以老病受制叛臣致修匹夫之節此猶大廈將傾非一木所能支也悲夫（金史本傳）

特嘉烏新（原作赤盞尉忻）字大用上京人當襲其父穆昆不願就中明昌五年策論進士第選爲尙書省令史吏部主事監察御史言諸王駙馬至京師私買諸物有詔禁止遷鎭南軍節度副使息州刺史耕鞠場種禾兩禾合穗進於朝特詔褒諭改丹州遷鄭州防禦使

權許州統軍使丞相高汝礪嘗薦其才可任宰相元光二年正月召爲戶部侍郎未幾權參知政事二月爲戶部尚書權職如故三月拜參知政事兼修國史詔諭近臣曰烏新資秉純質事可倚任且其性孝朕今相之國家必有望汝輩當效之也正大元年五月拜尚書右丞哀宗欲修宮室烏新極諫而止至以臥薪嘗膽爲言上悚然從之同判睦親府內族薩哈連原作撒合輦交結中外久在禁近哀宗爲太子有定策功由是倚任日深臺諫每以爲言太后嘗戒敕曰上之騎鞠舉樂皆汝教之再犯必杖汝哀宗終不能去烏

新諫曰薩哈連姦諛之最日在天子左右非社稷福出爲中京留守朝論快之五年致仕居汴中崔立之變明日召家人付以後事望睢陽慟哭以弓弦自縊而死年六十三一子名楝齊原作董七沒於兵間弟秉甫字正之爲新天資忠亮在治世足爲良臣不幸仕亂離之朝以得死爲願哀哉金史本傳

完顏仲德本名呼沙呼原作忽斜虎海蘭原作曷懶路人少頴悟不羣讀書習策論有文武才初試補親衛軍雖備宿衛而學業不輟中泰和三年進士第歷仕州縣貞祐用兵辟充軍職嘗爲元兵所俘不踰年盡解其語

尋率諸降人萬餘來歸宣宗召見奇之授邳州刺史兼從宜增築城壁匯水環之州由是可守哀宗即位遙授同知歸德府事同簽樞密院事行院於徐州徐州城東西北三面皆黃河而南獨平陸仲德壘石爲基增城之半復浚湟引水爲固民賴以安正大五年詔關陝以南行元帥府事以備小關及扇車回時北兵叩關適與前帥鄂屯阿里布（原作奥屯阿里不）酌酒更代而兵猝至（金史本傳）遂越關而東殺守者數百（大金國志）阿里布素無守禦之策爲有司所劾罪當死仲德上書引咎謂北兵越關之際符印已交安得罪歸前帥臣請

受戮上義之止杖阿里布而貰其死六年移知鞏昌府兼行總帥府事時陝西諸郡已殘仲德招集散亡得軍數萬依山爲栅屯田積穀人多歸焉一方獨得小康號令明肅至路不拾遺八年四月詔授仲德鞏昌行省及虎符銀印天興元年九月拜工部尚書參知政事行尚書省事於陝州時烏登原作兀典新敗陝州殘破仲德復立山寨安撫軍民會上以蠟丸書徵諸道兵入援諸路皆觀望不進或中道遇兵而潰惟仲德提孤軍千人歷秦藍商鄧擷果菜爲食間關百死轉戰而前來援京師八字依大金志至汴之日適上東遷仲

德妻子在京師五年矣不入其家趨見上於宋門問東幸之意知欲北渡力諫云北兵在河南而上遠徇河北萬一無功得完歸乎國之存亡在此一舉願加審察臣嘗屢遣人奏秦鞏之間山巖深固糧餉豐贍不若西幸依險固以居命帥臣分道出戰然後進取興元經略巴蜀此萬全策也上已與博索原作白撒議定金史本傳仲德持御馬銜苦諫博索傳不從然素重仲德且嘉其赴難進拜尚書省右丞兼樞密副使軍次黃陵岡二年正月車駕至歸德以仲德行尚書省於徐州既至遣人與國用安通問沛縣卓翼孫璧沖者初投

用安用安封翼爲東平郡王壁沖博平公升沛縣爲源州已而壁沖來歸仲德畀之舊職令統河北諸砦行源州帥府事金史本傳徐守王德全心畏仲德用安累檄德全入援不赴仲德至徐德全益恐遣人納奏求赴歸德仲德留之不遣云徐州重地德全不宜離鎮仲德虛州廨不居亦無兵衞日以觀書爲事德全自疑益甚宏簡錄二月魚山總領張瓛作亂殺元帥完顏呼圖原作胡土降北仲德累議討之德全不從即領麾下十許人親勸民兵得三百人徑往魚山而從宜嚴祿已誅瓛反正仲德撫慰軍民而還有曹總領者盜御

馬東行部論行省討之仲德既殺賊德全欲功出於己復殺曹黨四十餘人三月阿勒楚爾原作阿朮魯攻蕭縣遊騎至徐德全馬悉爲所邀以失馬故始議救蕭遣張元格苗秀昌率騎八百以往未及交戰元格退走元兵掩之蕭縣遂破四月仲德陽以闕糧往邳州州官出迎就執德全并其子殺之餘黨之外一無所問闔郡稱快金史本傳五月詔赴行在官屬以官努原作官奴爲亂懼爲所紿勸勿往果得其詐六月詔議遷蔡仲德雅欲奉上西幸因贊成之至蔡領省院事無鉅細率親爲之選士括馬繕治甲兵志甚堅鋭會近侍左

右久困睢陽今幸郎安皆娶妻營業不願遷徙日夕
爲上言西行不便仲德每深居燕坐瞑目太息以不
得西遷爲恨及上命有司修見山亭同知衙爲游息
之所仲德諫曰自古人君遭難播越必痛自貶損務
求克復舊物況今諸郡殘破保完者獨此一方其公
廨何敢望宮闕萬一方之野處露宿則有加矣切恐
遠近聞之人心解弛不足以濟大事上遽命止之扈
從諸人苟一時之安以爲可守故上無他意會忠孝
軍提控李德十餘人乘馬入省大呼月糧不優仲德
大怒縛德堂下杖之六十上諭以此軍得力方欲倚

用卿可加容忍對曰時方多故故錄功隱過自陛下之德至於將帥之職則不然小犯則決大犯則誅强兵悍卒不可使一日不在紀律軍士聞之至於國亡不敢有犯初有司定減軍糧人大怨望上聞之欲分軍爲三上軍月給八斗中七斗下六斗復怨不均仲德謀立射格自是上中軍輒多獲人益爲勸九月庚戌朔蔡城戒嚴甲子分軍防守四面丁男皆乘城（宏簡錄）仲德妻尚在汴聞崔立之變自毀其容服携妾及二子走蔡語仲德曰事勢至此丈夫能爲國出力婦人獨不能耶因率諸命婦自爲一軍親運矢石於城

下城中婦女爭出繼之仲德妻傳仲德守蔡營畫禦備未嘗一至其家拊存將士務得其歡心將校有戰亡者親臨賻祭哭之盡哀金史本傳十月壬申朔元兵濠壘成耀兵城下旌旗蔽天城中駭懼及暮焚四關夷其牆而退十一月宋遣襄陽太尉江海棗陽尉孟珙以兵萬人助元軍耀於城南且以箭射書入城中招諭居民仲德得之投於水中十二月辛丑元兵以攻具傳城仲德日以國家恩澤君臣分義親諭軍民軍民感泣人百其勇固志防守大金國志己丑西城破城中前期爲備不能入但於城上立柵兩軍相去僅百餘步仲

德摘三面精鋭日夕禦戰終不能拔三年正月庚子朔元兵以正旦會飲鼓吹相接城中飢窘愁歎而已時四帥三都尉已戰沒餘總帥以下盡出禁近至舍人牌印省部掾屬亦皆供役戊申元兵鑿西城爲五門整軍以入督軍鏖戰及暮乃退來日復集己酉仲德率精兵一千巷戰宏簡錄自卯及巳俄見子城火起聞上自縊謂將士曰吾君已崩吾何以戰爲吾不能死亂兵之手吾赴汝水從吾君矣諸君其善爲計言訖赴汝水死金史本傳妻亦自盡仲德妻傳將士皆曰相公能死吾輩獨不能耶於是參政富珠哩羅索原作孛术魯婁室

烏凌阿呼圖答胡土原作烏林總帥元志赫舍哩柏壽烏庫哩和勒端及軍士五百餘人皆從死焉仲德貌不踰常人平生喜怒未嘗妄發聞人過嘗諱護之雖在軍旅手不釋卷門生故吏每以名分教之家貧敝衣糲食終其身晏如也雅好賓客及薦舉人材人有寸長極口稱道其掌軍務賞罰明信號令嚴整故所至軍民爲用危急死生之際無一士有異志者南渡以後將相文武忠亮始終無瑕仲德一人而已金史本傳

吉林通志卷八十五

人物志十四金十三

實嘉努　費摩達

唐古德温　烏庫哩尼瑪哈

富察鼎壽　圖克坦繹

烏庫哩元忠　吳璋

完顔懷德　夾谷土剌

華沙布　特庫

布古德　納喇綽奇

舒穆嚕元毅　伯特梅和尚

烏克遜温屯　富察羅索

圖們色埒默　烏雅威赫

烏雅恩徹亨　珠嘉托羅海

實嘉努原作石家奴富察原作蒲察部人世居按春原作案出虎水祖和勒端原作斛魯短世祖外孫也和諾克原作桓赧薩克達原作散達之亂昭肅皇后父母兄弟皆在敵境和勒端以計迎還之實嘉努自幼撫養於太祖家及長以女妻之年十五從攻寧江州敗遼主親軍攻臨潢府皆有功襲穆昆其後自山西護齊國公傳作王依詳校本改摩囉歡原作謀良虎之喪歸上京道由興中是時方攻興中未下

實嘉努置柩於驛率其所領明安兵助王師遂破其城從宗望討張覺再從宗翰伐宋聞宗望軍已困汴遣往計事抵平定軍遇敵兵數萬敗之遂見宗望還報宗翰甚嘉之明年復伐宋隸羅索原作婁室軍討陝西未下實嘉努領所部兵援之既而以本部屯戍西京會契丹達實原作大石出奔以伊都原作余睹爲元帥實嘉努爲副襲諸部族以還未幾有疾退居鄉里天眷中授侍中駙馬都尉再以都統定邊部熙宗賜御書嘉獎之封蘭陵郡王除東京留守以病致仕卒年六十三加贈鄖王正隆例奪王爵封魯國公金史本傳大定間定

亞次功臣圖像衍慶宮十三字依詳校本增

費摩達原作裴滿達本名呼達原作忽撻博勒和原作婆盧火部人爲人孝友天輔六年從普嘉努原作蒲家奴追叛寇於德里川力戰有功熙宗娶呼達女是爲悼平皇后天眷元年授世襲明安以皇后父拜太尉封徐國公皇統元年除會甯牧居數歲以太尉奉朝請九年悼后死無何海陵弑熙宗欲邀衆譽揚熙宗過惡以悼后死非罪於是封呼達爲王天德三年薨子呼敦原作忽都爲中京留守史作燕京依詳校本改以罪免居中都海陵命馳驛赴之及葬使祕書監納哈塔原作納合椿年致祭賻銀五

百兩金史本傳

唐古德溫本名阿里上京刷原作率河人也曾祖實庫原作石古從太祖平拉必瑪察原作臘醅麻產領穆昆祖特伯烈原作脫孛魯嗣職從伐遼攻甯江州泰州有功父達蘭原作撻懶尚康宗女從宗望收平州至城東十里許遇敵兵甚衆戰敗之賞賚甚厚授行軍明安皇統初遷龍武衛上將軍歷興平臨海等軍節度使德溫善射尚睿宗女楚國長公主天眷三年授宣武將軍皇統元年從宗弼南征以善突戰遷廣威將軍六年遷定遠大將軍七年授殿前右副都點檢天德初改殿前左副

都點檢遷兵部尚書出爲大名尹兼本路兵馬都總管改橫海軍節度使延平尹兼鄜延路兵馬都總管世宗卽位封道國公爲殿前都點檢駙馬都尉大定二年以父祖功授按春（原作按出虎）明安所管世襲穆昆三年九月九日世宗以故事出獵謂德溫曰扈從軍士二千人飲食芻秣能無擾百姓乎嚴爲約束仍以錢一萬貫分給之四年爲勸農使出爲西京留守賜犀弓玉帶召入爲皇太子太傅卒上輟朝臨奠賻祭甚厚十八年追錄其父撻蘭并德溫前後功授其長子駙馬都尉鼎世襲西北路摩哩（原作沒里）山明安徙隸

泰州金史本傳

烏庫哩尼瑪哈原作烏古論粘沒曷一作忠弼宋史上京和倫原作胡剌溫屯人也移屯河間祖和勒端原作喚端太祖伐遼常侍左右追遼主延禧卻夏人援兵皆有功授世襲穆昆父罕都原作歡覩官至廣威將軍尼瑪哈尚睿宗女冀國長公主初爲護衛天德二年襲穆昆海陵伐宋爲押軍明安世宗卽位軍還授侍衛親軍步軍都指揮使加駙馬都尉爲右副點檢使宋七字依交聘表增歷左副點檢遷右宣徽使勸農使爲興平軍節度使改廣甯尹賜錢三千貫至廣甯嗜酒不視事上以兵部員外

郎宗安爲少尹詔宗安戒諭之大定中卒上聞之遣其子駙馬都尉公説馳驛奔喪賜錢三千貫沿路祭物並從官給金史本傳

富察原作蒲察鼎壽本名和尚上京和碩原作曷速河人欽懷皇后父也金史本傳祖太神國初有功累階光祿大夫贈司空應國公父阿胡迭尚海陵女弟慶宜公主官至特進贈司徒譙國公弘簡録鼎壽賦性沈厚有明鑒通契丹漢字長於吏事尚熙宗女鄭國公主金史本傳授駙馬都尉貞元三年加定遠大將軍爲尚衣局使累官器物局使大定二年由符寶郎出爲蠡州刺史濬州

防禦使有惠政兩州百姓刻石紀之遷泰甯軍節度使歷東平府横海軍入爲右宣徽使改左宣徽使金史本傳使宋還世紀宗授中都路温圖琿原作昏得渾山明安和碩穆丹原作木單作世襲穆昆改河間尹號令必行豪右屏跡有宗室居河間侵削居民鼎壽奏徙其族於平州郡内大治卒官上聞之深加悼惜喪至香山皇太子往奠百官致祭賻銀綵絹明昌三年以皇后父贈太尉越國公宏簡錄鼎壽既世連姻戚女爲皇后長子希卜蘇原作辭不失凡三尚定國景國道國公主其寵遇如此未嘗以富貴驕人當時以爲世戚之冠云金史本傳

圖克坦繹原作徒單繹本名珠巴克原作朮輦其先上京阿勒楚喀原作按出虎達阿人祖薩噶爾瑪克原作撒合懣國初有功授黃龍傳作隆安依府路哈濟原作合扎穆昆多科阿林原作奪古阿鄰明安繹美姿儀通諸國語尚熙宗弟七女瀋國公主充符寶祗候遷御院通進授符寶郎歷宣德泰安淄州刺史有廉名改同知廣甯府事以母鄂國公主憂不出世宗特許以憂制中襲父封服闋授同知濟南府事二十六年遷棣州防禦使以政迹聞升臨海軍節度使卒繹家世貴寵自曾祖照至繹尚公主者凡四世云金史本傳

烏庫哩元忠原作烏古論元忠本名額哩頁原作額里也其先上京特卜庫原作獨拔古人父額琳原作訛論尚太祖女畢國公主元忠幼秀異世宗在潛邸以長女妻之後封魯國大長公主正隆末從海陵南伐世宗即位遼陽時太保昂遣元忠朝於行在遂授定遠大將軍擢符寶郎諭之曰朕初即位親密無如汝者侍從宿衛宜戒不虞大定二年加駙馬都尉除近侍局使遷殿前左衛將軍從世宗獵上欲射虎元忠諫止之進殿前右副都點檢爲賀宋正旦使還轉左副都點檢坐家奴結攬民稅免官十一年復舊職明年升都點檢十五年

北邊進獻命元忠往受之及還詔諭曰朕每遇卿直宿其寢必安今夏幸景明宮卿去久朕甚思之會大興府守臣闕遂以元忠知府事有僧犯法吏捕得置獄皇姑梁國大長公主屬使釋之元忠不聽主奏其事世宗召謂曰卿不徇情甚可嘉也治京如此朕復何憂秩滿授吏部尚書以其子誼尚顯宗薛國公主十八年擢御史大夫授薩巴（原作撒巴）山世襲穆昆世宗問左丞相赫舍哩（原作紇石烈）良弼孰可相者良弼以元忠對乃拜平章政事封任國公進尚書右丞相策論進士之科設元忠贊成之（金史本傳）會詔葬元妃李氏於

海王莊元忠提控葬事都水監丞高杲壽治道路不如式元忠不奏決之四十御史大夫張景仁劾奏元忠輒斷六品官無人臣禮使富察原作蒲察鼎壽傳詔戒敕張景仁傳世宗將幸會甯元忠進諫不聽出知眞定府尋復詔爲右丞相世宗欲復上京城元忠曰此邦遭正隆軍興百姓凋弊陛下休養二十餘年尚未完復况土性疏惡甓之恐難經久風雨摧殘歲歲繕完民將益困矣金史本傳二十四年三月世宗紀駕東幸金史本傳五月乙丑至上京二十五年四月丁丑宴宗室宗婦於皇武殿元忠率羣臣宗戚捧觴上壽皆稱萬歲上歌

本曲道王業之艱難繼述之不易至一鼓乃罷世宗紀久之未還元忠奏曰鑾輿駐此已閱歲倉儲日少市買漸貴禁衛暨諸局署多逃者有司捕寘諸法恐傷陛下仁愛世宗嘉納之金史本傳坐與布薩原作僕散揆等燕集竊議宗道以聞宗道傳出爲北京留守責諭之曰汝强悍自用覬權而結近密汝心叵測其速之官後左丞張汝弼奏事世宗惡其阿順謂左右曰卿等每事依違苟避不肯盡言高爵厚祿何以勝任如烏庫哩元忠爲相剛直敢言義不顧身誠可尚也於是改知眞定府事移知河間明昌二年以河間修築毬場擾

民會赦下除順義軍節度使乞致仕不許特加開府儀同三司北京留守徙知濟南府過闕令預宴班平章政事之上承安二年移守南京尋改知彰德府卒訃聞上遣宣徽使白琬燒飯賻物甚厚元忠素貴性粗豪而內深忌世宗嘗責之又所至不能戢奴僕世以此爲訾云子誼金史本傳

吳璋字器玉石晉末有官獻州從少帝北行者又自遼陽遷泰州其子孫遂爲長春人六世祖匡嗣遼開府儀同三司同中書門下平章事陳國公祖鐸閤門祇候金天會中左班殿直父德元貞元中監嵉縣煙

火公事贈明威將軍璋生七歲而孤養於其姑樂亭
齊氏稍長卽能自樹立大定十年以蔭補官歷遂城
滿城四務酒官明昌四年調保州軍器庫使改太原
大備倉副使泰和初以六品諸司差監歷城稅課最
遷濟南軍資庫副使轉鄧州草場副使會錄事員缺
父老狀於州請璋攝司事不期月政成郡人以吏能
稱焉衞紹王卽位用大安霈恩官顯武將軍騎都尉
濮陽縣男食邑三百戶因爲所親言吾猥以賞延入
仕將四十年得不償勞甯不自知徒以先君子蚤世
不及通顯故强顏末秩耳今品及列爵當豫追錫之

典生平之志畢矣今不自止欲何求邪乃投牒請老
武勝節度高侯雅知瑋勸止之曰選法廕子五品例
入一差隨有超擢君淹滯庫久能少忍之旦當被百
里之命何求去之決邪不得已超調得監方城税到
官不數日以崇慶元年五月終於官舍年六十五瑋
資孝友姑氏沒哀過所生爲人誠實樂易重然諾輕
施予有以緩急來歸者必極力營贍之以故家屢貧
然不卹也歿之日識與不識皆爲之嗟惜名士赴弔
者數十人子二仲侃忠顯校尉仲傑鄧州教授元好問遺
山集二
十九

完顏懷德字輔之以小字得孫行隸上京路司屬司武元文烈之從弟㓨徹封國於趙子斜不出降國而郡封於金源子阿魯熙宗朝平章政事子習捏驃騎尉上將軍義州節度副使懷德其子也甫成童以宗子第五從承應走馬局俄遷內承奉班三歷監務用調密州倉使衛紹王至甯元年選注臨淄令懷德生長華腴而能以法度自檢初到官吏民畏其修整謂不可測及見其不飲酒不畏怒不事苛細不以榜掠立威不三數日上下歡然貞祐二年受代有期而中夏被兵盜賊充斥互爲支黨衆至數十萬攻下郡邑

官軍不能制渠帥岸然以名號自居儺撥地之酷暱
毗種人期必殺而後已若營壘若散居若僑寓託宿
羣不逞閧起而攻之尋蹤捕影不遺餘力不三二日
屠戮淨盡無復噍類至於發掘墳墓蕩棄骸骨在所
悉然獨臨淄之民感令之仁視猶血屬百方藏匿有
以合家父子甘就死地者人心旣定確然不移其掩
蔽愈更深固如是數月之久大帥駙馬都尉僕散某
統兵而東乃詣軍自陳僕散知懷德仁愛所感脫身
於萬死不一生之地承制拜官懷德南歸之志已決
再四退讓乃聽自便是後僑寓亳州宣宗興定五年

終年六十子從政奉道課税所副使同上
夾谷土剌字大用世爲合懶路人曾祖息虎天會初
嘗以王爵握兵柄祖僕千驃騎尉上將軍父阿海驃
騎尉上將軍澄州刺史土剌弱冠始知讀書三舉策
論進士以泰和三年登科歷撫甯海濱簿貞祐初被
召道出平州平州適被兵州將請充軍中彈壓以功
陞一階入補省掾終更除武甯軍節度副使五年用
樞密院薦充京東總帥府經歷司主帥牙古大貪鷙
很恃功自高奴視參佐往往置之死地從事輩畏之
惟意所嚮噤不出一語土剌直前徑行無所顧藉論

事之際極所欲言者而止少不見則移疾不爲出師悔悟或詣謝之其秉志抗直如此興定初宋人步騎數萬侵泗州聲勢甚張士剌爲畫策潛軍趨靈壁出其不意殺獲甚衆以功遷兩階四年召爲戸部員外郎轉刑部尋遷郎中元光初設三路司農分治戸部以士剌剛棱疾惡材任剌舉授京南路少卿兼郎中未幾以稱職聞是後雖改他官言政者猶以少卿名之正大初擢裕州刺史改睢州是歲大蝗州境獨無有秋大旱禱之而雨識者以爲善政之報三年召爲戸部郎中初置申州輟士剌爲刺史明年城洛陽授

同知中京留守兼同知金昌府事留守移剌瑗雅敬
之事無鉅細諮之而後行俄改汝州防禦使洛陽之
民惜其行祖道塡咽度旬日不得發以形迹自嫌竟
由他路去未經歲改陳州土剌老於從政先聲所暨
有識相賀州有東平宣鋭軍餘百輩率以戰功得官
有至四品者恃勢作威備極凶悍前使不能制一蔦
知府者尤不法土剌捕得之檄送本管一郡帖然考
城胥史所聚結黨爲社有大刀之目把持令佐連起
詔獄細民雖被侵愁而無所於訴公籍其姓名置之
聽事自是無一人敢犯者尋上章請老御史張特立

樂夔上書言陳州防禦使士剌剛直廉介有古良吏之風今雖年及其黽勉王事强仕之人有不能及者比聞以例告老而有司亦以例許之貪賢之道誠有所未盡特望重加拔擢以觀自竭之效書奏落致仕超授同知開封府事明昌以來鎬厲王衛紹王族屬皆終身禁錮男女幽閉絕婚嫁之望士剌建言二宅僇辱既久賤同匹庶就有詭謀誰與同惡宜釋其宿怨宏以大度使之各就人道遂生化之性夫國君不可以讎匹夫讎之則通國皆懼匹夫且然況骨肉乎語雖不卽從其後天興初元之赦皆聽自便蓋自士

刺發之云六年授武甯軍節度使徐州管內觀察使兼提舉河防使詔旨褒諭道所以遷擢之故且命乘傳赴鎮桃園行樞密院斡魯倉官王邦昌囊橐爲姦盜官糧二萬斛土刺按問得實悉從徵理轉漕爲之少寬踰年以衰病不任得請北渡先是貞祐初宣宗南巡土刺以省掾扈行事出倉卒乃留幼子斜烈於平州之撫甯朔南分裂父子相失者餘二十年斜烈旣長立仕宦貴顯歲癸巳汴梁下乃奉朝命迎土刺北歸土刺已老而身見代謝愴然有去國之感顧瞻徘徊不能自已生平植節堅苦食蔬糲不厭旣居民

閒倍自貶損斜烈有至性妻殷氏尤盡婦道日具甘脆百方奉之而所以自持者不少變一室蕭然使日夕裁足而已人事饋餉瓜果茶茄之細亦峻拒而疾麾之時貴慕其名有謁見日敕外白不得通曰我亡國之大夫耳尚何言哉初自聊城居宣德惟渾源魏邦彥以簡重得登門與之考論文藝自餘雖鄰舍有不得見其面者後五年戊戌二月終於家年七十三子三德興輔國上將軍天斜烈宣授先鋒使佩金符總統質子軍天萬僧元好問遺山集二十

華沙布原作胡沙補完顏部人年三十五從軍頗見任用

太祖使富卦喇（原作僕刮刺）往遼國請阿蘇（原作阿疎）實觀其形勢還言遼兵不知其數太祖疑之使華沙布往還報曰遼方調兵尚未大集（金史本傳）惟四院統軍司與甯江州軍及渤海八百人耳（太祖紀）及見統軍使其孫被甲立於傍統軍曰人謂汝輩且反故爲備耳及行道中遇渤海軍渤海軍且言且笑曰聞女直欲爲亂汝輩是耶華沙布具以告太祖又曰今舉大事不可後時若俟河凍則遼兵盛集來攻矣乘其未集早伐之可以得志太祖深然之及破甯江州戰於達嚕噶（原作達魯古）城皆有功賜以旗鼓並御器械高永昌請和華

沙布往招之取呼圖克原作胡突古以歸高永昌詐降於斡魯使華沙布薩巴原作撒八往報會高禎降言永昌非眞降者斡魯乃進兵永昌遂殺二人皆支解之華沙布就執神色自若罵永昌曰汝叛君逆天今日殺我明日及汝矣至死罵不絕口年五十九天會中與薩巴俱贈遙鎭節度使金史本傳

特庫原作特虎音德爾原作雅達瀾水人軀幹雄偉敢戰鬬達嚕噶原作達魯古城之役和尼原作活女陷敵特庫救出之攻昭蘇原作照散城遼兵三千來拒特庫先登敗之攻魯庫原作盧葛營瑪奇原作麻吉墮馬特庫獨殺遼兵數輩掖而出

之賞賚優渥後從太祖自臨潢班師至遼河伊都原作余睹來襲羅索原作婁室已引去特庫獨殿馬憊乃步鬬羅索與數騎來救特庫止之曰我以一死捍敵公勿來俱斃無益遂沒於陣皇統間贈明威將軍金史本傳

布古德原作僕忽得宗室子初事國相薩哈原作撒改伐蕭哈哩原作蕭海里有功與綽哈原作酬斡招降矩威原作燭偎水部族領行軍千戶從破黃龍府戰於達嚕噶原作達魯古城皆有功甯江州渤海伊塞布原作乙塞補叛布古德追復之天輔五年九月復與綽哈往拜格原作龐古河籍軍馬矩威水部錫勒哈塔原作實里古達等殺二人投尸水中俱年

四十三太祖悼惜遣使賻弔加等六年正月斡魯伐錫勒哈塔於希爾根原作石里很河追及於哈達拉原作合達剌山金史本傳誅首惡四人餘悉撫定太祖紀詔斡魯求二八尸以葬天眷中贈布古德昭義大將軍綽哈奉國上將軍綽哈亦宗室子也年十五隸軍以功爲穆昆率屯原作濤溫路兵招撫薩木丹原作三坦錫里肯原作石里很巴噶原作拔苦三水拜格城邑皆降之敗室韋五百於阿爾噶原作阿良葛城獲其民衆至是死焉金史本傳納喇綽奇原作納蘭綽赤咸平路雅哈原作伊改河明安人契丹瓜里原作括里使人招之綽奇不從瓜里兵且至綽奇遂

團結旁近寨爲兵出家馬百餘疋給之教以戰陣擊刺之法相與拒瓜里於改渡口由是賊衆月餘不得進旣而瓜里兵四萬人大至綽奇拒戰賊兵十倍遂見執罵而殺之詔贈官兩階二子皆得用蔭金史本傳

舒穆嚕元毅原作石抹元毅本名舒蘇原作神思咸平府路珠徹埒原作酌赤烈明安沙琿噶珊原作莎里歌仙穆昆人以蔭補吏部令史再調景州甯津令有劇盜白晝恣劫爲民害元毅以術防捍賊散去入爲大理知法除同知亳州防禦使事省檄錄陝右五路刑獄無冤人復委受宋歲幣故事私遺物元毅一無所受明昌初驛召爲大

名等路提刑判官以最遷汾陽軍節度副使時石嵐閒賊黨嘯聚肆行摽掠朝廷命元毅捕之賊畏而遁元毅追襲盡殪之二境以安遷同知武勝軍節度使事别郡有殺人者屢鞫不服元毅訊不數語即具服河東北路田多山坂磽瘠大比時定爲上賦民力久困朝廷命相地更賦元毅以三壤法平之民賴其利改彰德府治中尋以邊警授撫州刺史會邊將失守芻糧馬牛芟剽殆盡元毅率吏卒三十餘人出州經畫軍餉卒與敵遇州倅與從吏堅請還元毅曰我輩責任邊守遇敵而奔其如百姓何縱得自安復何面

目見朝廷乎傳無見字依詳校本增遂執弓矢令衆衆感其忠爭爲效死元毅力戰射無不中敵去而復合元毅氣愈厲鏖戰久之衆寡不敵遂遇害年四十七事聞上深驚悼贈信武將軍召用其子世勣侍儀司承應世勣後登進士第奏名之日上謂宰臣曰此舒蘇子耶歎賞者久之元毅性沈厚武勇過人每讀書見古人忠義事未嘗不嗟歎賞慕喜動顏色故臨難能死所事云金史本傳

伯特梅和尚原作伯德梅和尚泰州人也性鯁直尚氣節正隆五年收充護衛授赫棱原作曷魯椀羣牧副使未幾復

命召爲護衞十人長改尙廄局副使轉本局使右衞軍拱衞使典尙廄者十餘年積勞特遷官二階除復州刺史明昌初爲西北路副招討改秦州防禦使升武勝軍節度使六年移鎭崇義軍時有事北邊左丞相瓜爾佳（原作夾谷）清臣行省於臨潢檄爲副統會敵入臨潢梅和尙曁護衞博克托（原作闊合士）等領軍逆擊敵陣以待梅和尙直擣其陣殺傷甚衆敵知孤軍無繼聚兵圍之度不能免乃下馬相背射復殺百餘人矢盡猶以弓提擊爲流矢所中死博克托皆沒上聞之震悼詔贈龍虎衞上將軍躐遷十階特賜錢二十萬

命以禮葬之物皆官給以其子都努原作都奴爲軍前明安中使護喪就差權同知臨潢府事李蓮可爲敕祭使同知德昌軍節度使事舒嚕原作石抹和尚爲敕葬使承安五年上論尚書省曰梅和尚死王事其子都努從軍久有功其議所以酬之乃命爲典署丞金史本傳

烏克遜温屯原作烏古孫兀屯上京路人大定末襲明安明昌七年以本兵充萬戶備邊有功除歸德軍節度副使改盤安軍察廉遷同知率賓原作速頻路節度事以憂去官起復歸德府治中遷唐州刺史泰和六年四月宋皇甫斌步騎萬人侵唐州温屯兵甚少遣泌陽尉

博碩布原作白撒布巡檢布希原作蒲閑各以五十人乘城拒守溫屯見宋兵在城東北者可破令軍士判官薩克達原作散虎帶以精兵百人自西門出繞出宋兵營後掩擊之殺數千百人宋兵大亂迨夜乃遁去五月皇甫斌復以兵數萬來攻行省遣泌陽副巡檢納哈塔原作納合軍勝救唐州溫屯出兵與軍勝合兵城東北設伏以待之乃分騎兵爲三一出一入以致宋兵宋兵陷於淖伏兵發中衝宋兵爲二遂大潰追奔至陽湖斬首萬餘級獲馬三百匹宋別將以兵三千來襲遇之竹林寺殪之納哈塔軍勝手殺宋將取金帶印章以

獻詔遷温屯同知河南府事軍勝遷梁縣令各進兩
階温屯賞銀三百五十兩重綵十端爲右副元帥完
顏匡右翼都統匡取棗陽遣温屯襲神馬坡宋兵五
萬人夾水陣以强弩拒岸温屯分兵奪其三橋自辰
至午連拔十三栅遂取神馬坡從攻襄至漢江温屯
亂流徑度復進一階號平南虎威將軍宋人請和遷
河南副統軍大安初遷昌武軍節度使副統軍如故
遷西南路招討使温屯御下嚴酷軍士多亡杖六十
除同知上京留守事大安三年將兵二萬入衞中都
遷元帥右都監轉左都監兼北京留守有功賜金吐

鶻重綵十端遷元帥左監軍留守如故貞祐元年閏月以兵入衛中都詔以兵萬六千人守定興軍敗溫屯戰沒（金史本傳）

富察羅索（原作蒲察婁室）東北路按春（原作按出虎）噶爾罕（原作割里罕）明安人泰和三年進士調慶都縣平主簿尋以廉能遷中都右警巡副使補尚書省令史知管差除貞祐初除吏部主事監察御史丁母憂服闋充行省經歷官改京兆治中遙授定西州刺史充元帥參議官興定二年與元帥承裔攻下西和州羅索由秦州進兵抵棧道宋人悉銳來拒羅索乘高立幟策馬旋走

揚塵爲疑兵別遣精騎掩出其後宋兵大潰乘勝遂拔興元進一階除丹州刺史再遷同知河中府事權元帥右都監河東路安撫使復取平陽晉安優詔褒寵進一階賜銀二百兩重幣二十端遥授孟州防禦使權都監如故將兵救鄜州轉戰而前城破死之贈資德大夫定國軍節度使謚襄勇敕行省求其尸以葬金史本傳

圖們色埒默原作駝滿斜烈咸平路明安人襲父明安明昌中以所部兵充押軍萬户戍邊承安中討契丹有功除陳州防禦使遷知平涼府事改保大軍節度使徙

知彰德府事貞祐四年元兵復取彰德色埒默死焉金史本傳

烏雅威赫原作兀顏畏可隆安路明安人補親軍充護衛除益都總管府判官中都路副都指揮使累官會州刺史貞祐初爲左衛將軍拱衛直都指揮使山東副統軍安化軍節度使土賊據九仙山爲巢穴威赫擁衆不擊賊愈熾東平行省蒙古綱劾奏威赫不任將帥朝廷不問改鎮西軍權經略副使歷金安傳作全安依詳校本改武勝軍興定四年改泰定軍是歲五月兗州破死焉金史本傳

烏雅恩徹亨原作兀顏訛出虎隆安府明安人大定二十八年進士累官補尚書省令史除順天軍節度副使召爲治書侍御史刑部員外郎單州刺史户部郎中河東北路按察副使同知大興府事秦州防禦使丁母憂起復泗州防禦使遷武甯軍節度使徙河平軍兼都水監坐前在武甯奏軍功不實降沂州防禦使遷汾陽軍節度使兼經略使金史本傳興定二年九月元兵徇汾州宣宗紀城破死焉金史本傳

珠嘉托羅海原作朮甲脫魯灰上京人世爲北京路部長其先有開國功授北京路蘇克棟阿原作宋阿答阿明安托羅

海自幼襲爵貞祐二年宣宗遷汴率本部兵赴中都扈從上喜特授御前馬步軍都總領宋人略南鄙命同簽樞密院事時全將大軍南伐托羅海率本部屢摧宋兵破城寨以功遥授武昌軍節度使元帥右都監行息蔡等路元帥府事既而宋人有因畜牧越境者邏卒擒之法當械送朝廷托羅海曰國家自遷都以來境土日蹙民力凋耗幸邊無事人稍得息若戮此曹則邊釁復生兵連禍結矣不如釋之以絶兵端哀宗即位授鎮南軍節度使蔡州管內觀察使行戶工部尚書時元兵入陝西乃上章曰宋人與我爲讐

敵頃以力屈自保非其本心今陝西被兵河南出師轉戰連年不絶兵死於陣民疲於役國力竭矣壽泗一帶南接盱楚紅襖賊李全巢穴也萬一宋人諜知與全乘虚而入腹背受敵非計之得者也臣已令所部沿邊警柝以備非常宜敕壽泗帥臣謹斥候嚴烽燧常若敵至此兵法所謂無恃其不來恃吾有以待之之道也上是而行之正大二年秋傳言宋人將入侵農司令民先期刈穫托羅海曰夫民所恃以仰事俯育及供億國家者秋成而已矣今使秋無所穫國何以仰民何以給遂遣軍巡邏聽民待熟而刈宋人

卒不入寇諜者又報光州汪太尉將以八月發兵來取眞陽議者請籍丁男以備托羅海曰汪太尉恇怯人耳寗敢爲此必奸人聲言來寇欲使吾民廢務也不可信已而果然叛人焦風子者沿河南北屢爲反覆朝廷授以提控之職令將三千人戍遂平四年春風子謀率其衆入宋托羅海策之以兵數千伏鄎陽道賊果夜出此途伏發殪之七年元兵攻藍關至八渡倉退舉朝皆賀以爲無事托羅海獨言曰潼關險隘兵精足用然商洛以南瀕於宋境大山重複宋人不知守國家亦不能逾境屯戍元兵若由散關入興

元下金房繞出襄漢北入鄧鄜則大事去矣宜與宋人釋怨諭以輔車之勢脣亡齒寒彼必見從據其險要以備不然必敗是秋改授小關子元帥屯商州大吉口天興元年春行省參政圖克坦烏登原作徒單兀典將潼關兵入援至商山遇雪元兵邀擊之士卒饑凍不能戰而潰托羅海被執不屈拔佩刀自殺金史本傳

吉林通志卷八十六

人物志十五 元明

鈕祜祿重山子納罕　高諾爾子元長孫默爾根

伊奇哩　趙良弼

瓜爾佳之奇　張孔孫

奥敦希愷　裴牙失鐵木耳以上元

王麒　童信

隆萬杭愛以上明

鈕祜祿重山按元史改作珠順金源貴族也國初爲質子遂委質焉續通志四百五十一太祖使入宿衛元史類編十一官筆且齊

從平諸國有功圍涼州執大旗指揮六軍手中流矢不動元史一百四十六既官侍從元史類編數得侍宴內廷元史因諫曰臣聞天子先天下而憂憂之未有不治忘憂未有能治者置酒爲樂忘憂之漸也元史類編帝嘉納之續通志歲辛卯授左丞相時耶律楚材爲右丞相按重山入相據本紀係太宗三年原傳作太宗時事今改正又按太宗紀三年以耶律楚材爲中書令重山爲左丞相札哈爲右丞相與此互異凡建官立法任賢使能與夫分郡邑定課賦通漕運足國用續通志多佐成焉元史類編乙未從伐宋續通志詔軍前行中書省事許以便宜師入宋境江淮州邑望風款附降其民三十餘萬取定城天長二

邑不誅一人元史巳復還中書視事未踰年卒元史類編贈太尉封魏國公諡忠武元史戊戌詔其子江淮安撫使納罕嗣行軍前中書省事續通志時大將察罕圍壽春七閱月始下按史作七日欲屠城納罕曰不降者獨守將耳民何罪由是獲免元史類編初世祖伐宋軍於汴納罕曰李璮承國厚恩坐制一方然其人多詐叛無日矣帝亦患之元史中統元年兩遷宣撫使三年遷秦蜀五路四川行中書省事其年李璮反續通志帝使諭納罕曰卿言猶在耳璮果反矣卿宜謹守西鄙對曰臣謹受詔不敢以西鄙爲陛下憂元史明年授中書平章政

事以病卒續通志謚宣昭封爵如其父元史類編子博衮徹爾知河中府元史

高諾爾女眞人續通志四百五十八從太祖征西域盛京通志三十三復從庫春太子察罕諾延連歲出征累功授總管續通志管領山前十路匠軍歲乙未憲宗憫其老元史一百五十一命子元長襲續通志從世祖渡江攻郢還鎭隨州至元二年移鎭季陽五年從元帥阿珠修立白河口新城鹿門山等處城堡圍襄樊七年充季陽軍馬總管十年從攻樊城先登十一年從渡江鼓戰艦上流與宋人戰殺三百餘人奪其船及鎧仗以功賜虎符升

宣武將軍元史十二年進兵丁家洲與孫虎臣等大戰殺五百餘人又敗夏貴於焦湖從征常州先登續通志又攻杭州以功進懷遠大將軍二十一年從太子托歡征交趾追襲交趾世子於大海口奪其戰艦以還元史二十三年升季陽萬戶復以兵追襲交趾世子於海之三义口與敵軍合戰中毒矢卒續通志子默爾根初襲父職領兵鎮廣東盛京通志壽移戍惠州平盜譚大獠朱珍等元貞元年移戍袁州盜陀頭以衆犯境悉勦除之元史復平南恩盜還沒於袁盛京通志贈懷遠大將軍季陽萬戶府萬戶輕車都尉渤海郡侯元史

伊奇哩女眞八百七十四續通志四大父實巴袞額布根登金進士第金亡歸太宗伊奇哩幼穎悟能記誦長以孝友聞事世祖潛邸得備宿衛元史一百五十四中統初命參議陝西行樞密院事以商挺佐之比行入奏曰關陝要地軍務非輕阿爾圖敖拉國之元臣陛下方委任之伏慮臨時議論不協必誤大計儻有異同臣請得以上聞帝可其奏遣之元史類編二十八未幾改行省斷事官復入宿衛李璮平朝議選宿衛之士監漢軍伊奇哩監軍於邳陽續通志至元七年命爲監戰以所領諸軍圍襄陽築一字堡以張軍勢一時名將索多劉國

傑李庭等皆隸麾下（元史）攻樊城率衆先登受賜悉分將士（盛京通志三十三）十一年從丞相巴延次郢州（元史）將數騎而出與宋兵遇有部卒墮馬爲所得伊奇哩單騎橫戈直入其軍奪之還（元史類編二十八）時糧儲不繼伊奇哩攻江陵龍灣堡得粟萬石衆賴以濟（續通志）及兵東下（元史類編）宋將夏貴迎戰於陽邏洑（阿珠巴延等傳並作陽羅堡）巴延未至（續通志）衆欲少俟之伊奇哩曰兵貴神速機不可失宜及其未定而擊之（元史）遂前衝貴軍（元史類編）獲戰船百餘貴敗走巴延上其功加定遠大將軍（元史）十二年攻常州伊奇哩造雲梯緪橋以登遂克之徇下安

吉諸州續通志十三年宋降巴延命伊奇哩監守其宮號令嚴肅秋毫無犯入朝錄功遷昭勇大將軍未幾拜鎮國上將軍浙江宣慰使鎮守紹興十九年卒元史子齊拉袞江東廉訪使托克托淮東宣慰使續通志

趙良弼字輔之女眞人名臣事略作趙州贊皇人本姓兆佳以音訛爲趙家因以趙爲氏父兄及兄子凡四人俱爲金死事元史類編十一良弼明敏多智略初舉進士教授趙州元史一百五十九崔立之亂良弼侍母懷牒及祖父遺繪曰非是無以知吾生族將歸趙渡河爭舟挺刃及母首良弼臂受之幾折兵顧見哀之手援以登輂母北歸

日從名儒講論尤致意司馬通鑑歴代典章制度地理阨塞姚燧廟碑世祖在潛藩召對稱旨續通志四百六十四會立邢州安撫司擢爲幕長區畫有方事或掣肘則請諸藩邸再閲歲邢大治戸口增倍續通志世祖在潛藩時分地在關陝奏以廉希憲商挺宣撫陜西以艮弼參議司事元史阿勒達爾劉太平鈎校京兆錢穀續通志煅煉死者二十餘人衆皆股栗艮弼力陳大義詞氣慷慨二人卒不能誣以故宣撫司一無所坐元史類編巳未世祖南征召參議元帥府事兼江淮安撫使續通志親執桴鼓率先士卒五戰皆捷禁焚廬舍殺降民所至

宣布恩德民皆安堵元史宣宗崩世祖北還元史類編良弼
陳時務十二事言皆有徵元史遣如京兆訪秦蜀事宜
得實還報續通志曰宗王穆格無他心宜以西南六盤
悉委屬之琿塔哈屯軍六盤士馬精强咸思北歸恐
事有不意元史耨埒總秦川蒙古諸軍年少鷙勇輕去
就當寵以重職速解其兵柄劉太平霍魯懷聲言辦
餉陰有據秦蜀志元史類編伯嘉努劉黑馬汪惟正兄弟
蒙被德惠俱悉心俟命元史後皆如其言元史類編中統元
年廉希憲商挺宣撫秦蜀續通志良弼爲參議良弼先
行元史時琿塔哈叛北歸續通志良弼與宣撫決計執其

黨奇爾台布哈密喇卜和卓誅之元史類編希憲及挺慮有擅殺名續通志遣使入奏待罪艮弼具密狀授使者言始遣捕二帥時元史止令囚以待報臣竊以爲張皇不便宜急誅擅殺在臣實不在宣撫使若上怒願使者卽出此奏元史類編帝竟不問元史蜀降將費寅與廉希憲及商挺傳挺並異以私憾誣希憲與挺在京兆有異志引艮弼爲證元史類編帝召艮弼詰問艮弼泣曰二臣忠艮保無是心願剖臣心以明之帝意不釋會平李璮得王文統交通書元史益疑二臣切責艮弼至欲斷其舌艮弼誓死不少變帝意乃解寅卒以反誅元史類編至元七年按日

本國傳艮弼使日本在至元六年奉使日本先是數遣使通日本卒不得要領至是艮弼請行乃授祕書監給兵三千以從續通志艮弼辭獨與書狀官二十四人俱舟至金津島其國人望見使舟元史輒舉刃相向艮弼舍舟登岸宣旨金津守延入板屋環以兵元史類編四十二滅燭大譟艮弼凝然自若天明其國太宰府官陳兵四山問使者來狀艮弼數其不恭罪仍喻以禮意元史太宰府官愧服求國書艮弼曰必見汝國王始授之越數日復來求書至以兵脅艮弼續通志艮弼曰不見汝國王寧持我首去書不可得也日本知不可屈遣使介十二

人入覲元史送叚弼至對馬島十年至自日本續通志入
見帝詢知其故曰卿可謂不辱君命矣元史後帝將討
日本數問叚弼叚弼言勿擊便續通志十一年同僉書
樞密院事丞相巴延伐宋叚弼言宋重兵在揚州元史
宜以大軍先擣臨安元史類編後訖如其計又言宋亡江
南士人多廢學宜設經史科以育人材定律令以戢
姦吏帝嘗從容問曰高麗小國也匠工弈技皆勝漢
人至於儒人皆通經書學孔孟漢人惟務課賦吟詩
將何用焉叚弼對曰此非學者之病在國家所尚何
如耳元史久之以疾辭元史類編得旨居懷孟叚弼別業在

温縣故有地三千畝乃析爲二一六與懷州四與孟州皆永隸廟學以贍生徒自以出身儒素示不忘本也元史或問爲治之要艮弼曰必有忍乃克有濟元史類編人性易發而難制者惟怒爲甚必克己然後可以制怒必順理然後可以忘怒能忍所難忍容所難容事斯濟矣元史二十三年卒追封韓國公謚文正續通志子訓陝西平章政事元史

瓜爾佳之奇字士常其先出女真瓜爾佳部後由瑪奇嶺薩哈水徙家於滕州元史一百七十四少孤舅氏攜之至東平因受業於康煜授濟甯教授續通志四百八十六大兵

南伐授行省左右司都事元史類編二十一時行省官與中書權臣有隙特遣使覈其財用之奇職文書亦被按問元史元帥張宏範率其屬詣使者言瓜爾佳都事素公清若少有侵漁當與連坐元史類編會御史臺立擢僉江南浙西道提刑按察司事續通志至元十九年召爲吏部郎中立陟降澄汰之法著爲令式歲大旱有司議平糓價以過騰涌之患之奇言莫若省經費輟土木之役庶足召和氣弭災變而有豐稔之期元史尋遷左贊善時裕宗爲皇太子每進見必賜坐顧遇良厚權臣有欲以均輸法益國賦者慮按察使撓其事元史

類編請令與轉運司併爲一職詔集羣臣議之元史之奇言按察司控制諸路續通志發摘姦伏責任匪輕若使理財則心勞事冗將彌縫自救之不暇又安能繩糺他人哉併之弗便事遂寢元史又與諭德李謙條具時政十事上之皇太子一曰正心二曰睦親三曰崇儉四曰幾諫五曰戢兵六曰親賢原史脫第七條無可據補姑仍其闕八曰尚友九曰定律十曰正名除翰林直學士改侍御史續通志二十五年丁母憂以吏部尚書起復屢請終制不許明年卒元史之奇慮精識審爲政卓卓可稱雖老於吏學者自以爲不及而爲文章尤簡嚴有法多

傳於世(續通志)

張孔孫字夢符其先出遼之烏舍部爲金所并遷隆安(續通志四百六十八)父之純(按曲阜金重修文宣王廟碑陰題名雲中魏璠隆安張澄洎男孔孫此作之純與石刻異)官東平萬戶府參議夜夢謁孔廟得賜嘉果已而生子因名孔孫既長以文學著辟萬戶府議事官(元史類編二十三)萬戶嚴忠範之兄爲陝西行省平章政事聘孔孫以母老不應(元史一百七十四)中統三年徐世隆奏帝宜增設宮縣及文武二舞以備大典因詔世隆爲太常卿孔孫以奉禮郎爲之副以董樂師肄成獻之京師(續通志)廉希憲居政府辟爲掾及安圖爲

相尤禮重之授戶部員外郎元史尋出爲南京總管府判官時方議下襄樊世祖銳意用兵孔孫謂方今越境私販坐罪者動以千數宜開自新之條俾效戰贖死朝論采之元史類編尋升湖北道提刑按察副使行部巴陵有囚三百人因怒龔乙建言興銀利發其墳墓而燒其家燒死者三人有司以貪圖財殺人坐之孔孫原其情減罪元史歷拜侍御史臺事賢聲大起元史類編

至元二十二年安圖復入相按安圖傳復拜爲尚書右丞相在至元二十一年言於帝曰阿哈瑪特顓政十年親故迎合者往往驟進據顯位獨劉宣張孔孫二人安守故常終始如

一乃除宣吏部尚書孔孫禮部尚書元史督修安山河成孔孫言開魏博之渠通江淮之運古所未有賜名會通河已擢燕南按察使元史類編一以所沒贓羅粟五千斛振饑民元史亡何除大名路總管兼府尹大興學校有獻故河隄三百餘里於太后者卽上章謂宜悉還細民從之續通志擢淮東道肅政廉訪司使因讞獄鹽場民尹執中兄弟誣伏爲强盜平反之元史召拜集賢大學士丞相鄂勒哲卒孔孫與陳天祥上封事薦和爾果斯可爲相會地震詔問弭災之道孔孫條對八事其畧曰蠻夷諸國不可窮兵遠討濫官放譴不

可復加任用賞善罰惡不可數賜赦宥獻鬻寶貨不可不加禁絕供佛無益不可虛費財用上下豪侈不可不從儉約官冗吏繁不可不爲裁減太廟神主不可不備祭享帝悉嘉納之續通志又果疏言凡七十致仕者宜加一官丁憂服闋者宜待起復宿衞之冒濫者必當革州郡之職必當遴選久任達嚕噶齊宜量加遷轉又宜增給官吏俸祿修建京師廟學設國子生徒給賜曲阜孔廟灑掃戶相位宜參用儒臣不可專任文吏故相安圖巴延和爾果斯廉希憲等各宜贈謚元史多允行久之請老致仕大德十一年卒於家

元史類編孔孫素以文學名且善琴工畫山水竹石而騎射尤精及其立朝讜言嘉論有可觀者士論服之元史

奧敦希愷按金史氏族奧敦當改為鄂屯女直人父保和以元帥領保定順德諸道農事凡闢田二十餘萬畝致仕卒希愷襲勸農事郡縣水旱力請蠲租及調知冀州變健訟之俗奪蒙古所侵民田歸於民陞河中知府秩滿歸調以不見權臣阿哈馬降知景州盛京通志三十三

裴牙失帖木兒以音求之裴雅失當改為費雅斯帖木兒據元史語當改為特穆爾女直人沈毅有勇略洪武時授百戶歷戰有功陞千戶後又以功陞三萬衛指揮僉事訓練士馬勞來遠人

尋陞指揮同知同上

王麒建州松花江人壯勇善射建文時從燕兵南下小河之戰矢不虛發累陞遼東都督同知明一統志二十五

童信三萬衛人建文初從燕兵南下勇敢負氣每戰輒有奇功累官至都督同上

隆萬杭愛生而智勇過人敦信義睦鄰里輕財好施故附近村落咸歸之性喜捕虎殺虎至九十有九一日方祭祀家人報園有虎即持鎗往追躍上虎背以鎗戮之虎亦嚙其足虎死隆萬杭愛亦被傷顧謂家人曰此吾命也後世子孫當繪吾騎虎像祭之遂卒

生四子長鄂和睦仲鄂克除叔車特庫季占楚庫偏武鄂和睦生達晉都督達晉都督生達爾漢都督達爾漢都督生王楚偏武王楚偏武生噶哈噶哈生努爾漢努爾漢生魯克素魯克素生護齊哈達齊哈是時

太祖高皇帝龍飛遼左護齊哈兄弟二人率族衆來歸八旗通志

二百三十七

儒林傳下

吉林通志卷八十七

人物志十六 國朝一

費英東 索海子多顚羅

圖賴子費揚古 衞齊

卓布泰 巴哈

蘇勒達 穆理瑪

武賴 揚善子羅碩

伊遜 訥都瑚兄吉蓀 吉蓀子吳丹 蘇丹

沃赫 錫卜臣

剛林 安珠瑚

費英東姓瓜爾佳氏蘇完人也世長其部歲戊子從
父索爾果以五百戶來歸
太祖嘉之授一等大臣隸滿洲鑲黃旗妻以
皇長子褚英台吉女驍果善射挽强十餘石忠於所事不
避艱危用是爲開國勳臣第一
列朝念其功晉爵
賜號配饗
大烝可謂沒世不忘者矣兒沁巴顏者此據國史滿洲名臣傳及盛京通志
惟八旗通志沁作泰此類甚多譯無定字擇其義長者從之後不具注費英東女兄之
夫謀逆擒而誅之無所顧歲戊戌征瓦爾喀部取噶

嘉路誅部長阿珠按李紱撰費英東專阿珠作阿邱降其衆因進略安褚拉庫路偕台吉褚英等取屯寨二十餘所屬悉下歲丁未蜚悠城長苦烏喇侵擾請內附偕貝勒舒爾哈齊等往遷之悉收城內外戶口令侍衛扈爾漢先護以行而烏喇貝勒布占泰以萬人要於路方相持費英東率師繼至進擊大破之按城蜚悠敗烏拉李紱繫於戊戌歲蓋誤此從盛京通志既征東海渥集部偕貝勒卓立克圖等取赫席黑鄂摩和索羅佛納赫拖克索三路俘二千人歸歲辛亥又偕台吉阿巴泰等征其部烏爾古宸木倫二路取之歲癸丑從

太祖征烏喇偕諸貝勒大臣力戰城下殲敵過半乘勝奪其門遂拔之

太祖討平諸部閲三十餘年費英東率在行間摧鋒陷陣身爲士卒先以故戰勝攻克至是

命與何和哩額亦都扈爾漢安費揚古爲五大臣佐理國事當從取撫順明兵來援礮驚其馬馬旁逸諸軍不復前亟迴馬大呼麾所部直入於是諸軍並進大敗之

太祖撫髀歎曰眞萬人敵也其後明兵四路來侵獨以所部破其薩爾滸山巔軍 高宗聖製賜奠功臣費英東墓詩注薩爾滸之戰明經略楊鎬率四路總兵杜松馬林李如柏劉綎分將來犯杜松駐兵薩爾滸山巔費英東率所部衝破其軍

杜松戰沒已而馬林劉綎兩軍皆覆李如柏遁歸是役也明以四十萬衆來犯五日之間殲其精鋭殆盡實費英東從攻葉赫城矢石雨下雜以飛火勢不可首功云

攖

太祖命之退對曰我軍已薄城下矣又以命對曰勢且克奈何退也卒拔其城累功授子爵世襲天命五年三月寢疾日將昳天色開朗片雲倏起中如鼓聲鏗鍧俄而雷電雨雹驟至有傾霹遂卒年五十七

太祖臨其喪爲之痛哭後復哭奠其墓焉費英東非直驍果也性忠直敢言見國事稍有闕失輒毅然以諫

太宗嘗語羣臣曰費英東見人不善必先自斥責而後劾之

見人之善必先自奬勸而後舉之其所奏善惡被劾者亦無怨言被舉者亦無驕色朕未聞諸臣有以善惡直奏若斯人者追封直義公

世祖命晉世爵爲三等公

世宗加封號曰信勇

高宗復晉世爵爲一等公其紀功碑文則

聖祖御製云朕惟我國家創建丕基開無疆之景運既篤生

神聖英武之君以翦除逆亂啟闢疆宇戡定諸邦一統之烈

肇於東土其實則有一德一心之佐殫忠戮力經營四方

以翊鴻猷而成大業蓋

天實挺生異材鍾山嶽之靈挾風霜之氣貞誠不二毅勇無
倫名高百戰之勳位超五等之爵垂聲竹帛配食
廟廷以與我國家共承休祉子孫世衍其澤是豈偶然者哉
當我
列祖之龍興也一時人材蔚起猛士如雲戰將如雨以藝勇
稱以功名顯者不可勝數而功冠諸臣爲一代元勳則開
國佐運直義公費英東尤爲傑出焉朕嘗恭覽
列祖實錄考直義公行事折衝行閒則戰必勝攻必克平居
則矢忠直贊謀畫豐功偉績至今焜燿簡編未嘗不緬懷
英風興念往績於昔人創業艱難枕戈擐甲櫛風沐雨之

勞恆流連往復不能去諸懷也歲在戊寅朕巡行舊京展
祀
陵寢追維
祖宗功德隆盛並及當時佐命之臣邱隴所在皆遣官致祭
而直義公之墓特親至奠醊以示優崇仍復專官祭享蓋
功在社稷古人爰有明禮之典朕篤念勳庸用伸異數並
爲文勒諸貞石以昭示於無極云子十八察喀尼襲爵
賜赦免死二次仕至內大臣索海圖賴並以善戰名而圖賴
尤著
索海費英東第六子也天聰五年初設六部授刑部

承政明年偕兵部承政車爾格至錦州偵明邊隘多所斬獲

命管佐領事崇德三年明石城島總兵沈志祥挈所部來歸隨貝勒杜度等運米濟之尋更官制授都察院左參政略地大淩河兩岸下屯堡十四還復任刑部承政明年偕工部承政薩穆什喀征索倫部左翼偵知掛喇爾屯有敵以輕騎襲之奪其柵而左翼攻克雅克薩城進攻鐸陳城不時下旋師烏喇與兀魯蘇屯之博穆博果爾合兵六千襲其後索海設伏敗之乘勝攻博穆博果爾營躍馬直入敵大潰以奔又略地額

蘇里額爾圖兩屯最陳斬外俘七千有奇牛羊駝馬
無算凱旋
太宗率諸王郊勞之授二等輕車都尉世職坐事罣吏議
命輸贖後戰錦州小淩河松山比有功又坐
敏惠恭和元妃喪奏伎樂免死削職順治二年起署副都
統從征四川卒於軍子多頗羅崇德間授佐領順治
元年從入山海關以功予騎都尉世職任都察院理
事官九年晉一等輕車都尉擢蒙古副都統十四年
從征雲南至磨盤山力戰爲軍鋒殉疆場
圖賴費英東第七子果斷剛決勇而有謀在軍嘗以

寡克衆所向無前而危身事國默矢忠貞權勢所在未嘗爲之撓用克世濟其美焉天聰初從征董夔擊察哈爾及攻明甯遠並有功三年從

太宗伐明進兵燕京其大同總兵滿桂以師赴援圖賴直前邀擊多所殺傷授騎都尉世職四年隨大貝勒阿敏鎭守永平明監軍道張春等圍灤州偕副都統阿山馳援乘夜擊敗之師還而大貝勒棄永平出邊明將率步卒百人以火礮追擊圖賴還戰悉殲其衆所領裁十六人晉世職輕車都尉五年從征大凌河圍其城明以兵四萬來戰率右翼兵躍馬陷其陳敵潰遂

擒張春旋征大同拔靈邱縣及小石城論功晉世職
二等六年伐明師次布里渡
太宗命同參領蘇喇達齎敕諭明沙河堡守將遂奉牛酒幣
帛來獻馮培撰圖賴傳七年從取旅順口九年以護軍統領隨貝勒
多鐸入廣甯別以兵四百偕都統阿山先趨錦州明
總兵祖大壽遣將合松山兵三千有奇來禦未戰而
潰進擊之俘馘甚眾崇德二年授議政大臣明年隨
貝勒岳託征明率師先驅踰牆子嶺攻克十一臺進
至山東明將合步騎八千餘逆戰他軍小卻方麾所
部進而敵騎已突至其前大呼搏戰陷其中堅敗之

旋偕都統譚泰敗明闖部劉宇亮等軍於通州拔二
城又分兵略取二城晉男爵六年圍錦州敗其杏山
援兵蒙古諾木齊先降於明在圍中遣人約以東關
獻至期覺明兵圍諾木齊將誅之圖賴踰城入力戰
拔諾木齊斬關出明錦州松山軍至四戰皆敗之又
以紅衣礮攻拔塔山杏山二城晉爵一等
賜馬一八年攻拔中後所及前屯衞晉一等子自時厥後入
關破流賊摧鋒而前佐定天下功名益彰彰矣而亦
不能不鬨肆殺戮云順治元年大軍至山海關流賊
李自成遣兵拒戰圖賴率前鋒軍敗賊將唐通於一

片石既入關破自成軍復會大軍追敗之望都縣超
授三等公豫親王多鐸南征從至孟津率精兵先渡
明守將黄士欣等各遁去瀕河十五寨堡望風下睢
州總兵許定國等率衆來降進薄潼關賊遣僞侯劉
宗閔緣山列陳以拒前鋒統領努山鄂對等進戰未
能勝圖賴設伏賊後而自以百四十騎蹂賊陳直入
一以當百伏兵拊賊背夾擊殪之殆盡既而賊將劉
方亮來窺我營偕護軍統領阿濟格尼堪等迎擊賊
懼而奔多所俘獲自成聞敗集衆以死拒力戰殲其
步卒餘衆奔竄尋又糾衆至又連戰敗之遂破潼關

賊衆大潰遁走陝西既定移兵收江南道
賜錦衣一襲攻揚州不即克擊以紅衣礮城崩明閣部史可
法與城民悉死無遺追福王朱由崧於蕪湖截擊靖
南伯黃得功兵敗之得功中流矢死遂獲由崧餘衆
悉降師旋晉爵一等公三年以都統隨端重親王博
洛進師浙閩時明魯王朱以海據紹興其總兵方國
安等營錢塘江東岸艤舟以拒初師次杭州營於江
岸杭人謂潮至且沒既而潮二日不至駭以爲神遂
開門降而錢塘江廣十餘里其下莫測波浪洶湧舟
楫不得停所稱廣陵濤也至是自上游拍馬徑渡僅

及馬腹諸軍隨之大濟呼聲震天登岸縱擊國安驚
以爲神盡棄戰艦以魯王遁保台州追戰數勝連拔
金華衢州各城浙東底定因與都統漢岱分兵趨福
建圖賴自衢州進仙霞關擊敗明閣部黄鳴駿克浦
城十五戰皆捷下城十而漢岱亦自廣信破分水關
入崇安明唐王朱聿釗遁走汀州諸將乘勝追擊聿
釗等五王皆死降其衆閩海悉平回次金華病卒年
四十有七先是睿親王多爾衮擅政廷臣無敢迕會
於午門集議譚泰擅隱
諭旨罪三日未上圖賴詰之曰遲久不決何耶聲色俱厲王

怒曰爾肯追賊望都諸將爭先爾於肅豫諸王前誚讓且唾今又以加我我不堪此怒色疾聲也遂起去諸王執圖賴將罪之王曰此非退有後言比且忠勤無他咎解其縛釋之頑終惡其不附已既卒以誣奪其爵且籍沒焉

世祖親政

詔復世爵追謚昭勳公配饗

太廟

世宗加封曰雄勇方昭雪

命下

世祖復勒石以旌其功略曰故圖賴者備王佐之才秉上將之略當
太宗文皇帝時每從征伐所向克捷追入關擊流寇李自成二十萬衆追奔逐北千餘里厥績尤著定鼎以後大小百戰偉伐爲多至其翊戴朕躬摅誠不二於朝廷危疑之際智勇深沈力匡王室禍患潛消勳在社稷非獨積累戰功者可比宜紀之貞珉英烈壯猷將與河山帶礪並永無窮矣
聖祖幸鞏華城道經西山之麓圖賴墓在焉
特遣內大臣致奠墓前子輝塞襲爵第三子費揚古與姓棟鄂氏者

同名任本旗正黄旗护军统领瓜尔佳氏故隶镶黄旗
至父图赖改隶康熙十四年从征逆藩吴三桂贼将
刘泽敷陶贯之以万众军彝陵州费扬古率所部直
逼贼营与战手背中枪伤
赐银五十两十六年管佐领事从征至长沙遇贼帅吴国贵
怒马陷陈所向披靡贼穷迫返击殉焉赠云骑尉
卫齐费英东弟也以父索尔果功兼征虎尔哈获户
五百又追得额驸逃户授骑都尉世职天聪三年从
征明略地遵化获哨卒三明兵来犯五战皆有功晋
世职轻车都尉列十六大臣

太宗出征討輒令留守
盛京任八門提督九年免功臣徭役衛齊與焉並增給
佐領人戸尋卒謚端勤視一等大臣例立碑墓道子
八人穆理瑪襲職其次曰卓布泰
卓布泰崇德四年以佐領偕征薩哈連烏喇既又征
之並有功五年七年從圍錦州數敗明兵師旋敵躡
我後副都統翁阿岱受重傷卓布泰力戰卻敵然後
掖以乘馬並轡歸既從入明邊連擊敗馬徐二總兵
而明八總兵合兵來戰者未朝食即擊敗之至暮進
戰復大敗其眾順治元年從豫親王多鐸南征流賊

破之至潼關賊以夜來犯率兵逆射之既退賊復以騎兵來逼偕納漢諸諾爾德奮擊復敗之自是五戰皆捷賊不支遂自西安府遁走偕護軍統領敦拜阿爾津迹所至一村屯賊騎三百圍而殲之二年從貝勒博洛入浙連戰皆勝先後獲舟艦百數克海甯縣城入閩所至降附獨會城未下以兵攻克之於是浙閩皆定累功授輕車都尉世職任兵部理事官六年從征湖廣偕擊僞總兵陶養用於衡州府僞興甯伯胡一清於府之南山坡並敗之進王公嶺誅其將獨擊僞將周金湯僞總兵方世勇於山隘若山巔敗其

衆各三千有奇而賊渠王進才兵四千餘列二營以
拒復擊敗之師旋以功晉男爵十四年
世祖敕曰雲貴騷擾已久今李定國與孫可望互相爭戰可
望來降乘彼內亂之際命爾卓布泰爲征南將軍統所領
官兵與提督線國安所屬及湖南調發官兵由廣西前往
貴州相機進取於是與安遠大將軍信郡王多尼征西大
將軍平西王吳三桂會於平越府楊老堡議分兵取
雲南多尼自桂陽入三桂自遵義入卓布泰自都勻
入約以十二月會師雲南軍至盤江敵於羅彦渡口
沈船扼隘我兵不得渡投誠土知府岑繼魯導從下

流十里取所沈船乘夜潛師以濟敵倉皇潰而梁瑞
津有李成爵者以萬人屯山谷口我兵環擊之斬獲
甚夥李定國以全師據雙河口山巔麾兵徑登奪其
形勝敵列象陳來爭我兵力戰敗之多獲其象至磨
噶定國以三十營列柵拒守因分三隊張左右翼擊
之再戰再捷偵敵屯據鐵鎖橋者尚衆乃從普安州
間道入雲南於是三路大兵悉會李定國白文選與
明桂王奔永昌凱旋論功晉爵二等康熙三年坐弟
鼇拜革世爵尋以平定雲南功復世爵如故未幾卒
鼇拜以戰功

賜號巴圖魯封公受遺爲輔政大臣擅權賜死而穆理瑪亦
以功至將軍牽連於鼇拜棄市又弟曰巴哈
巴哈衛齊第四子也初任一等侍衛崇德二年
太宗設二十四議政大臣巴哈與焉
太宗幸牧馬所
命内大臣侍衛與新降明總兵祖大壽等較射
賜駝一順治元年從入山海關定燕京兼以
太宗朝扈從勞授騎都尉世職會都統譚泰許内大臣索尼
諸罪事具譚泰索尼傳巴哈坐與索尼觀劇褫世職
罷任

詔貰之三年隨肅親王豪格征陝西四川有功並以考滿晉
世職一等輕車都尉六年睿親王多爾袞率師討大
同叛鎮姜瓖請從征自效王弗許復再三請王使人
告以或隨明甲隊或隨暗甲隊惟所自便巴哈知王
終不用也遽拂衣歸坐斬改罰贖七年睿親王疾貝
子錫翰等奏請
臨視王罪以擅請並責巴哈弗執問復罰鍰八年
世祖親政
命爲議政大臣三遇
恩詔晉爵一等男初肅親王爲睿親王搆陷卒於獄子富綬

尙幼尙書宗室鞏阿岱議殺之巴哈與內大臣哈什屯持不可乃止鞏阿岱偕弟錫翰及侍衞冷僧機因勸睿親王疎遠之旣而錫翰以巴哈復入直
御前數集內大臣西訥布庫等議其罪會有
旨奬巴哈勤勞議乃寢至是
世祖以鞏阿岱錫翰冷僧機西訥布庫等朋比妄行
命王大臣鞫訊巴哈證之咸伏誅十二年加少保兼太子太保十四年晉少傅兼太子太傅十五年授領侍衞內大臣康熙六年以其子訥爾都尙主封訥爾都和碩額駙八年

聖祖以察哈爾阿布奈久闕朝請無藩臣禮
命巴哈往察其狀及還兄鼇拜以結黨擅權獲罪同父兄弟
並論斬籍沒
聖祖念巴哈宣力年久貸之免籍沒後以疾卒子九人次子
蘇勒達
蘇勒達初任侍衞康熙二十一年授護軍參領兼佐
領明年擢鑲黃旗蒙古副都統二十六年四遷至都
統又二年
命爲領侍衞內大臣會噶爾丹與喀爾喀搆釁侵掠邊境二
十九年奉

命率將校往科爾沁調兵統駐要地時科爾沁親王班第駐
圖斯噶爾圖山其兵赴調者僅半喀喇沁阿巴噶奈
曼土默特諸部兵亦未至既以疏
聞旋移檄諸部令速進而噶爾丹已深入烏珠穆沁
聖祖命裕親王福全爲撫遠大將軍出古北口恭親王常甯
爲安北大將軍出喜峰口
詔蘇勒達同土謝圖親王沙津率兵赴巴林會大軍合擊大
敗之烏蘭布通噶爾丹遣使同濟農胡土克圖至裕
親王營設誓歸誠裕親王信之檄蘇勒達所統諸路
兵勿進擊師旋王大臣議裕親王等調度乖方賊敗

不即追勦乃檄止蘇勒達致窮寇遠颺應黜爵蘇勒
達亦應罰俸得
旨噶爾丹奔竄時若蘇勒達以兵邀擊可以就擒乃領兵王
大臣阻使勿進蘇勒達亦遂從之不復追勦俱應依議治
罪但已擊敗厄魯特兵噶爾丹遠遁諸王大臣悉予寬免
於是亦免罰俸三十四年噶爾丹復犯邊
聖祖欲發兵進勦先檄
盛京諸處兵設伏圖拉附近以伺而
命蘇勒達與領侍衛内大臣詳議之蘇勒達言我兵不必即
趨圖拉當誘其深入一舉殄滅若彼逡巡不進俟偵

實再行議奏
聖祖嘉納之三十五年卒
聖祖統師親征由中路進以撫遠大將軍費揚古由西路會
勦其夏
駐蹕什巴爾臺距敵營甚近而費揚古軍甫至圖拉癸緩師
期
聖祖以我軍既逼敵境不必俟費揚古當卽前進令王大臣
集議與內大臣馬斯喀等議卽進勦與
聖祖意合會噶爾丹潛遁
聖祖密諭費揚古絶其歸路敗之昭莫多俘斬無算噶爾丹

僅以數騎遠竄乃
命班師是年秋復扈
駕出居庸關巡行塞北經理軍務
賜內廐馬其冬還京三十六年卒
賜祭葬如故事謚曰恪僖
穆理瑪則巴哈弟也順治元年襲父裔齊騎都尉世
職七年九年三遇
恩詔晉世職一等輕車都尉兼一雲騎尉五年隨征南大將
軍譚泰討江西叛鎮金聲桓師至饒州府敗賊二千
餘於童子河隔河有賊稱是復渡河擊之亦敗去進

攻南昌府城賊二萬餘出戰偕參領巴都迎擊卻走
入城而聲桓與其黨王得仁率步騎七萬來援我軍
擊敗之賊尋犯我正黄正紅旗營偕署前鋒統領吳
沙連率衆迎戰並捷凱旋累擢都統康熙二年授靖
西將軍與定西將軍圖海討湖廣流賊李來亨來亨
時據茅麓山師至山後長樂嶺敗逆拒之賊破賊所
築壘戰於山下又捷賊於上王坪掘壕塹自固而來
亨親以衆五千分路來犯遣諸將逆擊各敗去進攻
茅麓大𡵓賊以死拒又乘夜出犯總督李國英營率
副都統赫業要擊敗之復犯提督鄭蛟麟總兵于大

海營率諸將往援又連敗賊來亨勢日蹙遂闔室死
降其官二百兵三千餘明年凱旋超晉一等男爵八
年坐兄鼇拜罪死子四次子諾莫護軍參領以軍功
授雲騎尉世職第三子蘇爾瑪任頭等侍衛從征戰
歿
武賴費英東弟吳爾漢子也天聰四年以參領偕布
爾堪率精兵百人略明邊境渡大淩河縱橫馳擊俘
獲甚多九年擢都統崇德元年從征明會遵化三屯
營守備率衆來窺逆殲之尋以先出邊歸論奪俘獲
朝鮮之役隨豫親王多鐸擊敗其援兵偕都統譚泰

以雲梯攻城守陴者懾竄收其輜重牲畜以歸三年
隨貝勒岳託征明至山東破内監馮永盛總兵侯世
祿等兵出董家口敵兵依山列陳偕副都統準塔連
戰敗之破其營時我軍輜重既行明將率衆來截復
偕準塔擊卻因乘勝略地連取二城初奉
命鞫蒙古訟事以徇私褫職至是論功授騎都尉世職五年
隨睿親王多爾袞征明圍錦州刈其田禾城中兵出
爭擊退其衆進軍松山又敗其步兵八年隨貝勒阿
巴泰征明明兵迎戰於渾河偕副都統納爾特敗之
師旋過密雲明兵列火礮以截歸路偕都統鼇拜奮

勇突之明兵潰走大軍將出邊有敵兵來犯大呼擊
卻整軍出仍往略地取一城加一雲騎尉順治元年
從入山海關破流賊李自成隨英親王阿濟格征四
川戰勝十有五下三城晉二等輕車都尉七年九年
三遇
恩詔晉爵二等男世襲卒年六十有四謚康毅勒石紀功子
固德襲爵
揚善費英東弟達尸齊之子也
太祖時以其祖索爾果功授騎都尉世職初隸滿洲鑲黃旗
後改鑲白旗

太宗即位設十六大臣揚善與焉尋任護軍統領天聰三年
從征明燕京爲軍選鋒所向皆捷五年攻大淩河與
明監軍道張春戰城外先衆冒矢石陷陳擊敗之胸
腕中創各一晉世職輕車都尉擢內大臣六年
太宗親征察哈爾林丹汗率衆遁所部近明界沙河堡者逃
入堡內奉
命率兵六十人偕通事顧祿古齎
諭索取之明守將驚懼悉歸我察哈爾逃人崇德二年征明
大同蒙古部人有被掠者取以歸授議政大臣六年
隨鄭親王濟爾哈朗圍明錦州城內兵出犯鑲黃旗

官兵退怯避敵以徇隱論罰贖
詔寬免順治元年都統何洛會希睿親王多爾袞意誣告肅
親王豪格言詞悖妄揚善不諫阻又不舉首與其子
羅碩俱坐死羅碩初以能通滿洲蒙古漢語
太宗擢居文館崇德七年授國史院學士尋任前鋒參領兼
刑部理事官凡文館軍營傳宣
諭旨及奉使問罪朝鮮與聽斷獄訟悉當
太宗意至是以嘗出入肅親王府第坐阿附爲亂論死順治
八年
世祖念揚善父子無辜也治何洛會罪

命復揚善輕車都尉世職以其孫霍羅襲揚善弟伊遜
伊遜少從
太祖征伐數有功
太宗即位與兄揚善並列十六大臣從征多羅特以步卒擊
敗蒙古兵天聰三年從攻明遵化先登克其城礮傷
臂
太宗臨視授輕車都尉世職尋擢兵部承政七年偕戶部啟
心郎使朝鮮宣示
威德定互市稱
旨八年管佐領旋率兵出徼巡助我將防守明兵望風遁引

還都統都類以罪逮繫兵部參政穆爾泰盧濬暑蒸
鬱驅囚出繫所遣使爲都類設幕次且與驅蠅囚訴
狀伊遜坐同官不舉奏罷任三年更定部院官制仍
授兵部承政明年兼管副都統尋奉
命同工部承政薩穆什喀率左翼兵征索倫至虎爾哈部其
衆聚伍庫爾城以拒乘夜縱火攻克之進攻鐸陳未
下聞博穆博果爾兵來援我師遂還已而佐領薩必
圖卓布泰等率師繼至復整軍往鐸陳設伏要敵斬
七十餘級方薩穆什喀以師還也博穆博果爾襲我
輜重多亡失伊遜坐不急援論罷

詔寬免以罰贖懲之八年卒子噶達渾襲順治十二年追謚

伊遜曰襄壯

賜祭葬立石旌功弟曰納都瑚

納都瑚達戶齊第八子也初隸滿洲鑲黃旗後改鑲白順治元年以護軍參領隨睿親王多爾袞入山海關擊敗流賊李自成尋隨豫親王多鐸追敗之潼關進定西安移師江南追明福王朱由崧於蕪湖並有功予雲騎尉世職三年多尼特部騰機思等叛奔喀爾喀隨豫親王追勦遇土謝圖汗及碩羅汗兵拒戰並擊敗之五年隨征南大將軍譚泰討江西叛鎮金

聲桓數敗賊兵復於章江西岸截賊餉運獲糧艘三
十餘七年遇
恩詔晉世職騎都尉八年擢正白旗副都統改副都御史初
伊遜孫沙爾布卒無嗣
命納都瑚並襲其一等輕車都尉遂由騎都尉晉男爵復論
前軍功及兩遇
恩詔晉爵子至是
詔覈援
恩詔濫邀爵職者改一等男兼一雲騎尉十三年考滿蔭一
子入監明年

世祖以都察院奏請更定世襲例疑有私
召集廷臣詰問副都御史能圖與納都瑚實先倡議下部論
罪應削世爵罷任
詔從寛降爵一等襯副都御史仍理理藩院事十五年以
赦復原官及所降之爵十七年卒
賜祭葬如故事無子以弟鍾金之孫吉賚之子等分襲
吉蓀者納都瑚兄也天聰時以功任佐領坐事黜尋
復擢用歷官禮部承政子吳丹順治十八年從征山
東土寇康熙四年從征湖廣茅麓山流寇並著戰功
十四年隨信郡王鄂扎征察哈爾布爾尼於大魯山

溝連擊賊衆敗之積授騎都尉世職兼一雲騎尉仕至副都統卒蘇丹順治十年以佐領從征湖廣戰沒於衡州

卹贈雲騎尉子邁圖與姓佟佳氏者同名襲而邁圖亦以康熙十六年戰沒廣東韶州府

卹贈騎都尉傳天命時人止三世例不得詳也

沃赫費英東之孫崇德八年襲父察克尼子爵順治七年遇

恩詔游晉一等十五年授散秩大臣明年

世祖追念費英東開創功臣予三等公爵世襲罔替尋擢內

大臣康熙八年鼇拜獲罪以族從應褫職削公爵
聖祖命留公爵在驍騎營行走十三年逆藩吳三桂耿精忠
遣賊黨分寇江西與穆成額並奉
命署副都統率兖州駐防兵赴平南將軍希爾根軍勦禦其
冬偕副都統幹都海總兵趙應奎等破精忠偽總兵
左宗邦於分宜擒斬甚衆俄三桂偽將軍朱君聘總
兵黃乃忠合兵數萬自萍鄉犯袁州偕幹都海穆成
額趙應奎擊之西村賊敗登山追擊復大敗斬級五
千餘餘賊據安福於是自守分宜以穆成額先往而
分護軍之半擊賊賊衆不支乘勢梯城入克之明年

剿賊鸞石嶺白水口等處多所斬獲十五年遇
恩詔加太子太保尋隨大將軍安親王岳樂進軍萍鄉破賊
寨十有二偽將軍夏國相敗遁復萍鄉縣長驅至長
沙偕副都統阿進泰敗賊眾逆戰者五千有奇明年
以安親王令率兵駐守茶陵十七年征南將軍穆占
疏言吳三桂據衡州而江東岸又偽將軍馬寶所營
茶陵攸縣與賊俱處獨沃赫守之兵力單弱
聖祖命趙應奎以標兵赴之又
詔簡親王喇布分兵俾定南將軍華善率赴茶陵協守既簡
親王自江西進軍茶陵沃赫分守攸縣明年湖南平

隨貝子彰泰進征雲貴十九年授本旗蒙古副都統
旋調滿洲副都統明年雲南平凱旋二十一年擢本
旗蒙古都統明年追論十六年在長沙擊賊旣抵鹿
角挨牌仍以軍退應褫職籍家產以江西敗賊復城
敷奏
旨議敘又隨定雲南功罪相抵應削世爵免籍家產
聖祖以沃赫爲八旬優所襲公爵乃其祖之職即削去亦應
子弟承襲
特寬之留都統公爵革去太子太保明年授領侍衛内大臣
二十八年仍改本旗蒙古都統三十年卒年五十有

賜祭葬如故事子傅爾丹襲爵

二

錫卜臣費英東弟郎格之孫也隸滿洲鑲白旗天聰
五年任前鋒侍衛崇德元年從
太宗征朝鮮三年隨睿親王多爾衮征明自青山口毁邊牆
入至通州內監高起潛以兵迎戰偕前鋒參領素爾
德擊敗之五年大軍圍明錦州敵騎自杏山來援同
前鋒統領吳拜逆擊敗其衆又數敗錦州兵出城樵
採者六年復圍錦州擊明經略洪承疇步兵三營敵
騎兵千人自甯遠至同前鋒統領努山迎戰敗之逐

北至連山斬獲無算順治元年隨睿親王入山海關
擊流賊李自成敗賊將唐通於一片石追敗自成於
安肅又敗之望都進征山西敗賊於太原明年隨英
親王阿濟格征陝西偕兵部理事官鄂摩克圖擊敗
賊衆自成走湖廣追至安陸賊方掠舟蟻登又擊敗
之累功擢前鋒參領予雲騎尉世職三年隨肅親王
豪格征流賊張獻忠師至陝西敗叛鎮賀珍於漢中
進兵四川連戰皆捷尋改護軍參領五年姜瓖叛大
同同護軍統領素拜討之數敗賊又隨端重親王博
洛擊敗賊黨劉遷於代州城下解其圍積功兼屢遇

恩詔晉世職二等輕車都尉十一年擢護軍統領明年
命同都統卓羅等率兵駐防荆州時張獻忠遺黨孫可望擾
湖南據辰州十三年偕卓羅由澧州常德進討賊聞
大軍至棄城遁追破之於瀘溪賊竄走復辰州十六
年鄭成功犯江甯同安南將軍明安達哩自荆州赴
援破其都督楊文英等於揚子江多所斬獲康熙九
年擢本旗蒙古都統十二年
詔獎勞績久著諸大臣加太子少傅明年吳三桂叛
命爲鎮西將軍鎮守陝西其冬與都統赫葉等征四川賊據
保甯我兵營蟠龍山者爲所劫餉道復斷遂退駐漢

中會陝西提督王輔臣叛賊黨分踞棧道餉運久阻食益艱十四年秋遂自漢中拔還西安疏陳食盡全軍以出馬匹器械轉戰略盡

聖祖詔陝西提撫給帑買馬人一匹並修治器械鎮守西安十九年還京仍任都統二十二年追論蟠龍山敗軍罪應褫官及世職籍沒家產

詔錫卜臣尚著勞績免籍沒尋卒於家

剛林姓瓜爾佳氏世居蘇完不詳所系初隸滿洲正藍旗爲筆帖式掌繙譯漢文天聰八年以漢文考試中式舉人

命直文館崇德元年授國史院大學士與范文程希福等參
　贊機務合疏請重定部院承政以下官事具希福傳
　又請定考取生員舉人之制俱
報可當是時
太宗四征不庭疆宇日闢數奉
命至諸部落暨軍前宣布
威德咸稱
旨積功授騎都尉世職八年郡王阿達禮以謀逆誅坐其屬
　下人逮繫尋以嘗先事舉發免罪改隸正黃旗仍故
　職

世祖定鼎燕京晉二等輕車都尉順治三年四年兩充會試
主考官會考滿晉世職一等五年以贊理機務忠勤
懋著晉男爵
賜號巴克什六年纂修
太宗實錄充總裁官再充會試主考官是年疏言臣工章奏
天語批答應編輯以垂法戒且備纂修
國史之用請
敕六科每月錄送史館並
命翰林院分任編纂
報可八年以纂修明史闕天啟四年至七年實錄又崇禎一

朝事蹟無考請

敕內外各官懸賞購求以期必得其有野史外傳集記等書

並令訪送備採章下所司知之是年睿親王多爾袞

僭逆事發下刑部鞫其黨坐阿附論死

安珠瑚王燕緒安珠瑚傳字介秋姓瓜爾佳氏亦蘇完人隸滿洲

正黃旗父阿喇穆順治元年以佐領從睿親王多爾

袞入山海關擊流賊李自成力戰殞於陣王燕緒安將軍行狀

阿喇穆爲人寡言笑多勇善騎射尤長火槍後歸

太祖以四品管佐領事從征松花江之喜射人

阿舒默爾根撫獲壯丁二千人征旅順口松山甯遠

察哈爾等處皆以驍勇力戰受重傷順治元年從追

流賊李自成至山西率領挨牌攻擊之中礮陣亡十

三年追敘從征功授拖沙拉哈番從祀昭忠祠

恩卹雲騎尉世職猶子席特庫襲尋卒以安珠瑚襲三遇
恩詔晉輕車都尉任參領兼刑部郎中王傳安珠瑚少力學通滿漢文官檢討順治九年大兵征湖廣請從改刑部郎中九年敬謹親王尼堪率師征湖
南至衡州以輕騎先進遇伏殉焉安珠瑚隨貝勒屯
齊軍後至聞王戰沒突入賊陣覓王尸以還十三年
隨甯海大將軍伊勒德征浙江舟山以功晉世職二
等十八年隨靖東將軍濟什哈勦山東土賊于七擒
斬甚衆王傳從征山東賊于七破其黨呂士奇高奇山等康熙六年擢甯古
塔副都統十五年增設吉林烏喇副都統調任焉王傳察哈爾布爾尼叛安珠瑚創設木礮嚴爲防禦賊至錫爾坦嶺聞有備乃不敢犯與甯古塔

將軍巴海奏遷新滿洲扎魯喀等於境內編四十佐
領事具巴海傳十七年
詔獎巴海及安珠瑚實心任事撫輯新滿洲戶口咸令得所
下部議敘晉世職一等兼一雲騎尉尋擢
盛京將軍十九年疏請裁金州巡檢改爲金州營設守
備千總等官於招徠民戶五百中選兵百分習騎射
標槍鳥槍又請於沿邊展界二十餘里設柵隘口移
兵防守並從之王傳至奉天題請展邊界二十餘里沿邊設木柵加兵防守横亘千里屹
然有金湯之固又增築奉天外城明故將毛文龍所
遺兵丁子孫猶居海島無所歸安珠瑚請招撫之拔
壯者爲水師勤加訓練各安
於伍自是遊民皆成勁卒二十一年

聖祖詣盛京
巡行所至見邊界枯骨多暴露者
詔安珠瑚察瘞之明年
詔安珠瑚自擢任將軍惟務邀譽沽名於職守毫無裨益聞
每謂人願至京師爲部院文官人臣苟盡力報稱文武一
體有何分別且去歲在圍場與新任副都統通寶相爭殊
失大臣體著革往吉林烏拉效力
王傳二十三年從都統公彭春往征羅察爲前鋒參領徇圖魯河有功
二十四年授索倫總管
王傳二十四年復從彭春攻雅克薩城降六百餘人以功授索倫地方總管
明年卒
王傳二十五年卒葬於吉林城西八里圖山子
新塋部臣請以其子安什布襲世職

詔安珠瑚素有虛名故用爲將軍前者東巡奏臣所屬官員兵丁皆藐視臣朕始知其庸懦雖革去將軍仍授爲總管乃終不能約束所轄之人且自服官以來初無宣力之處而專務虛聲其世職著不准承襲行狀公天資聰慧篤於孝敬性沈靜寡欲初試國子監生年十六授翰林院檢討年二十一順治九年大兵征湖廣請從會本旗以才能薦改刑部郎中至軍賊以二千人夜出山寨攻總督李國英營復以三千人夜攻提督張蛟麟營公再戰再敗之乘勝遂克其寨賊首李來亨自殺獲僞王僞將軍各一及僞侯伯總兵等五百餘人多羅額郡王陣亡公單騎入重圍獲王尸以出是役都統以下官皆以陷帥獲罪獨公以功免十四年從都統宜爾德勦賊浙江僞英毅伯阮思拒戰公以麾下兵先擊敗之既賊船大至公助擊又敗之敘功加一拖沙拉哈番授二等阿達哈哈番公征行所過秋毫無所犯士民咸頌師還居刑部四年時號安青天尚書圖海深所器重諸事倚

任焉十六年以病去官十八年山東土賊于七作亂從都統紀士哈往征之敗賊將呂士奇八千人其黨高奇山復以三千人至公設伏盡殲之復據險單騎迎射敗別賊二百人康熙二年授參領六年升甯古塔副都統時年三十六公居官廉明嚴而不苛尤長於知人薩布蘇爲驍騎校哈圖庫爲佐領時公一見皆許爲偉器後果至將軍副都統喜接文士錢威吳兆騫等皆以遣發至暇輒引接與共談論薩布蘇初不知書聞公論說始篤志向學後遂大進先是遣發之文士多不能充當苦差公行文咨部令每人納糧一石免其役由是士人得無苦甯古塔人以魚獵爲生不務農業公每出郊勞民勸農獎戒勤惰由是士人咸務稼穡衣食滋殖矣旋調吉林副都統察哈爾部落布里尼叛謀竊烏拉時兵皆南征烏拉存兵老弱及餘丁僅六百餘人公亟爲訓練創設木城木礮嚴爲防守賊至錫爾坦嶺聞有備遁去初東海有墨爾哲氏累世輸貢至是其長扎努喀布克託等願率衆內遷將軍巴海奏稱辦理招撫事宜非安某不可有　旨復調甯古塔副都統於是招來東海部落四千七百餘丁安置甯古塔附近設佐領四十以

扎努喀布克託及諸族屬任之分轄其眾號新滿洲
奉
旨安珠瑚自授副都統以來鎮守邊疆實
心任事將札努喀等各姓新滿洲招撫安插令其得
所甚屬可嘉其下部優敘於是優加一拜他拉布勒
哈番授爲一等阿達哈哈番兼一拖沙拉哈番旋以
母憂去職服除十七年授奉天將軍年四十七巡邊
所至延見耆老詢問地方風俗軍伍民生之休戚吏
治之得失十九年題請展拓邊疆二十餘里橫亙千
里立柵爲邊隘口設兵防守改大路於高阜移驛站
於舊都　盛京城小官民商賈不足以容爲築外羅
城設立步兵清理街道由是兵民兩安明故將毛文
龍餘黨猶居海島悉招撫來歸編設佐領駐旅順口
以重海防是水師所由昉也二十年　盛京始立鹽
稅公曰課重則鹽貴鹽貴則爭端必起必使國計民
生兩均有益方爲盡善時不能用未幾鹽果貴至有
兵民强奪者奉　特旨免鹽課一方乃安　盛京
舊無蓄積奏請設立倉廒以備凶荒蒙古進邊擄掠
爲盜商賈不行奏請設立巡兵盜賊遂息二十一年
上將東巡公奏三藩初平人民尚未康阜
上嘉之賜以上用弓箭撒袋　上到盛京

欲取道輝發入吉林公陳道阻難行乃從威遠堡往左都御史徐乾學揖之曰我內臣不能諫公外臣乃能之吾滋愧矣信郡王聞而異之欲公一往見公趨而避之公莅任以來無一刻不以職業爲念因患咯血二十二年懇請辭職奉 旨安珠瑚屢病求退殊屬欺飾且爲人罷輭甚不稱職著該部嚴察議處尋部議革職並革去世職在烏拉章京效力從之是年羅刹擾邊公請從征委前鋒章京二十三年以單師略地圖瑚魯河獲原未歸順之奇勒爾部落八姓三十一戶九十九人以歸二十四年從將軍彭春攻雅克薩城降賊首額赫克塞等頭目兵丁六十餘人遵 旨放回本國止留願歸王化之巴什里依番等四十餘人得功牌一在鄂羅斯屯田之索倫九十餘家放火燒盡莊田逃去追獲男子六人女子二十口以歸復得功牌一 特旨授索倫總管公在默爾根博爾多等處親教索倫達瑚里屯田耕種積穀以充軍餉嗣侍衛伍岱在嘎爾嘎被殺不得主名部文令將投順之嘎爾嘎男子勦殺婦女搶掠公曰豈有不分善惡盡殺者乎不從後五日部文又至不准搶擄嘎爾嘎賴以獲全後與鄂羅斯立

界公偕副都統沙那海同至精奇里江彼處之鄂倫春皆避去所遺什物公禁不得動惟取乾肉仍以米約數留之謂從官曰彼皆逃必謂吾等搶取伊等之物今留米令其知中國人不苟取以此宣化不亦善乎在博爾多屯田凡四年以老病乞休奉旨以原品休致遂至吉林
烏拉居焉卒年六十八

吉林通志卷八十八

人物志十七　國朝二

額亦都　圖爾格

車爾格　伊爾登

超哈爾子額黑里　遏必隆子阿靈阿

陳泰　拉哈達　瓦岱

額亦都姓鈕祜祿氏世居長白山愛必達額宜都家傳先世長白山人以貲雄於鄉至祖諱阿陵阿拜顏者移於英額峪家焉父諱都陵阿隸滿洲鑲黃旗佐理五大臣之一也果勇善戰董戎四十餘年卒爲軍鋒未嘗敗北而忠孝夙著方其早歲卽知

天命有歸奔奏禦侮所由聯姻帝室世載其勳豈偶然者哉幼時父母爲仇家所殺鄰人匿以免年十三即手刃其仇走避嘉穆瑚地依於其姑居數歲太祖道出於是識爲非常白姑請事焉姑憐而止之不可太祖亦眷顧日加

公生於壬戌歲即明嘉靖四十一年也幼時父母俱爲讎所害公匿鄰村家獲免稍長武勇絕世年十三遂殺其讎公少孤無伯叔兄弟惟一姑適嘉穆瑚寨長穆通阿至是往依焉姑子哈思護傑士也長於公二人相得懽甚居久之適太祖高皇帝龍潛有所往過宿姑家公與太祖語意相合輒識爲眞人欲從之姑不可公奮然曰大丈夫生世間能碌碌終老乎因請於姑曰此行任所之決不貽姑憂異日遂從太祖行時年十九太祖器之日見信用以上俱出家傳

歲癸未從討尼堪外蘭於圖倫城先登色克濟城無備并掩取之別率兵攻舒勒克布占克其城歲丁亥督兵取巴爾達城至渾河河漲不可涉以繩聯軍士魚貫渡夜薄其城從數卒先登城中兵驚起爇炬鳴笳出死力迎拒飛矢貫股著於堞揮刀斷矢戰益力被五十餘創不退卒拔其城而還

太祖嘉歎賜號巴圖魯并所俘獲迎於郊燕勞之薩克察入寇從數騎出禦敵遽敗夜遂襲取其城進攻尼瑪蘭城先衆疾戰又攻章甲城獨前奪門並克之師旋

太祖郊勞如初界藩有科什者恃其勇獨身盜九馬竄亦以

單騎追斬之歸所盜馬嘉穆瑚貝勒揮巴顏謀附哈

達奉

命往討至郎誅其父子五人歲癸巳葉赫等九國合兵來侵

太祖陳師古勒山額亦都以百騎嘗敵敵悉衆來犯殪其前

鋒九人敵小卻麾軍亟進陳斬葉赫貝勒布齋九國

之師皆潰我軍有齊法罕者亦戰沒於陳復入陳覓

其尸以歸無敢拒者乘勝略諾賚寨及兆嘉村而訥

殷路故與於九國其長收穩色克什既敗歸復聚七

寨之衆據守佛多和山偕理事大臣噶蓋等以兵千

人圍其寨未幾下之斬收穩色克什

賜所乘名馬歲丁未偕征東海渥集部取赫席黑鄂摩和索
羅佛納赫托克索三路俘二千人歲庚戌招撫渥集
部之那穆都魯綏芬甯古塔尼馬察四路降其長康
果禮等十九人并其戶口歸出雅蘭路擊取之俘獲
萬餘明年偕征渥集部之虎爾哈路圍扎庫塔城招
之三日不下遂攻克之俘斬三千有奇因撫定附近
各路天命二年偕攻明馬哈單花豹衝岔兒堡並克
之額亦都自年十九從
太祖征討不用命諸部若哈達輝發烏喇葉赫攻城野戰嘗
以少擊衆所向皆捷前後

賚衣裘弓矢人戶牲畜無算悉分給有功戰士不以自私爾
然有古大將風焉四年明經略楊鎬統兵二十餘萬
分四路來侵
太祖命大貝勒代善等先出撫順以禦西路時
太宗稱四貝勒以祀事後至謂大貝勒曰我築城夫役在界
藩山儻明攻之奈何宜急進安其心遂趨至太蘭岡
大貝勒與扈爾漢議駐兵僻路以伺
太宗曰宜耀兵向敵以壯士卒夫役之膽不宜駐僻地示弱
議未決額亦都進曰
四貝勒言是也因進師界藩會

太祖大兵亦至夾擊之大破明兵於吉林崖及薩爾滸山還又破之於尙間崖及阿布達哩岡並有功累官至一等內大臣爵一等子初與費英東等爲五大臣佐理國政有國人私訴於額亦都聽之太祖以大臣不應受私訴恐一人獨斷爲亂所由生雖罪額亦都著爲令而心知其無他眷顧弗替始妻以族妹後復以和碩公主降焉天命六年卒年六十家傳尤明於大義謹於事上事有關於國家雖已子亦不稍存姑息次子達啟少英異太祖養於宮中及長材武過人太祖愛之俾尙主怙寵漸驕遇皇子皆無禮公患之一日假他事集諸子偕僕讌城外園中酒甫行公忽起命衆執達啟衆愕然莫知所措公大怒露刃

厲聲曰天下有父殺子乎誠以此子傲慢不馴不除
他日必負 國恩而敗門戶不從者血此刃衆懼引
達啟入室以衣被覆殺之公請 太祖陳且謝
罪 太祖驚惋累日深以讓公久之知公心彌
加嗟歎其爲遠慮忘己效忠類如此公爲 太
祖股肱心膂功冠當時 太祖之所以寵錫公
者亦至優極渥其取巴爾達城及敗薩克查兵也
太祖親迎郊勞賜爲一等大臣爵左總兵官
給以百人廪食約身至孫三世食之其敗九國兵也
以所得諸貝勒裘馬幄帳並御乘名馬 賜公
前後賞賚弓矢衣裘人戶牲畜無算常分給將士不
以自私初設佐領之制 詔以公所俘獲者益
以賞給戶口爲三佐領隸公家俾無預上役爲公私
屬供田廬併采人薓備藥物以奉公下及諸子各有
分贍蓋異數也以天命六年辛酉歲六月十
四日甲申卒於遼陽 賜第壽六十
太祖親臨哭之慟
賜祭葬如典禮天聰元年追封宏毅公配饗

太廟康熙三十七年
聖祖謁
陵至盛京親奠其墓又二年
御書碑文勒石紀其功而
世祖先有碑旌異之曰帝王得人共圖大業治定之日必昭
其功於天下後世以志不忘我
祖宗搠造艱難一時鷹揚之佐遭會風雲號稱濟濟成績具
在藏於册府額亦都奮迹戎行戰功久著從征哈達輝發
烏喇葉赫暨攻圖倫襲色克濟率衆先登敵無堅壁至破
巴爾達奮軀登堞矢貫其身連於堞上以刀斷之卒下其

城其鷙猛有過人者少年歸命身經百戰屢被重創徧體瘡痍如收赫席黑虎爾哈雅蘭諸部又能以少擊衆俘獲甚多開拓疆土厥績懋焉
太祖嘉與勳庸賜以婚媾及其沒也
先皇復加追敘高爵崇祀軫恤甚備國有若臣可謂忠勇忘身有始有卒者矣用勒貞石以示表章歲月逾遠嘉績彌彰於以褒勸有功庶幾宣力國家者聞之而有感云
衍慶錄公有子十六人世嗣相承者十有一人初建家廟在北城第宅之前數世子孫繁衍至數百人每當時享室堂庭廡幾不足以容乃移於安定門外里八臺與恪僖公祠址相連會公曾孫訥親蒙賜雲騎尉世職上書陳奏願讓還世職惟先臣祠堂乞賜褒旨額亦都乃開國名臣勳績榮列於典祀奉

懋著照訥親所請於伊族祠堂賜與祭典永邺成勞乃以乾隆三年二月始祀十六公並設兩廡春秋吉日太常致祭官祭之次日家薦歲事子十六人圖爾格襲爵傳其子坐事奪以遏必隆襲額亦都幼子而和碩公主出也

圖爾格少從征伐累功授輕車都尉天命十一年八旗八大臣下每旗又各設二人備屯戍決獄訟號十六大臣以圖爾格管鑲白旗事尋遷都統又以父勳晉爵子天聰三年從太宗征明克遵化有功次年班師命貝勒阿敏等守永平圖爾格偕都統納穆泰守灤州既而明合兵攻灤州與納穆泰分汛以守時簡精銳出城

殺敵敵轉攻納穆泰所守益力亟遣阿玉什分兵往援會火及城樓有執纛者乘雲梯登阿玉什揮刀斬之奪其纛敵卻阿敏聞灤州被圍不卽救已遣大臣巴篤里以兵數百來援夜三鼓突圍入城而城已垂破明發巨礮攻城城壞城樓焚度不能支率衆潰圍趨阿敏軍阿敏大驚棄永平走諫之不聽乃殿後全師而還於是議棄永平罪坐不能力諫削爵解都統任五年從攻明錦州率護軍駐錦州松山間夜截明兵赴松山者斬級二十我軍有星訥者墜馬敵還取之從三十騎馳擊自敵陳翼之出明人將城大凌河

命偕納穆泰覘焉俘其人畜以歸起吏部承政既從
太宗征大淩河圍其城城中兵出犯擊走之略松山錦州並
有功九年從貝勒多爾袞招察哈爾降其長額哲旋
師略明山西以先鋒入自平魯衞毀甯武關蹦代州
乘勝至忻口遇伏敗之追至崞縣殲其衆還經平魯
衞明兵邀我師於途與戰陷其陳殺百人餘遁走策
敵且復至設伏以待明總兵祖大壽果合他總兵以
三千人來追返兵步戰直擣其中堅伏起夾擊大敗
之乃徐引兵出邊論功晉一等男崇德元年復任鑲
白旗都統隨武英郡王阿濟格攻克明昌平雄縣並

先登以事黜二年仍攝都統事三年隨貝勒多爾衮
破明内監馮永盛總兵侯世禄兵復偕都統拜音圖
敗敵於董家口毁邊牆入奪青山關下四城五年復
隨多爾衮圍錦州刈其田禾連敗錦州及松山兵又
偕都統葉克舒率兵三百伏烏忻河口伺錦州牲畜
出牧驅之歸敵衆千餘來戰葉克舒馬中箭蹶敵人
將兵之圖爾格引弓殪其人掖上他馬并力衝擊敵
敗復合六戰六勝身被二十餘創猶殿後力戰悉保
所俘以還晉爵子尋擢内大臣六年從
太宗征明既敗其經略洪承疇兵十三萬

命隨阿濟格邀擊於塔山時明總兵曹變蛟吳三桂王樸等各引所部遁而變蛟兵夜逼鑲黃正黃兩旗汛地突犯
御營甚急軍中侍衛及守營大臣大驚倉卒不得前圖爾格發矢連殪前鋒二人率衆軍并力攢射之變蛟兵始退又隨豫親王多鐸設伏敗吳三桂王樸兵於高橋七年隨貝勒阿巴泰征明趨山東戰勝者三十九直抵兗州府俘明諸王並各王府宗室官屬幾千人下府三州十八縣六十七獲人民牲畜各以數十萬計金銀皮幣諸珍物無算八年班師

賜銀千五百兩晉爵二等公順治二年卒年五十
世祖嘉其績追謚忠義公配饗
太廟復建碑旌之
聖祖謁
陵至
盛京遣
皇子奠其墓
世宗加封號曰果毅子二吳爾格科普索科普索以事奪爵
者也吳爾格崇德二年從征皮島以舟師渡海先入
無援殉焉而圖爾格第四兄韓代第五兄阿達海阿

達海子阿哈尼堪與姓富察氏者同名第七兄謨海並以從征殉疆場謨海有戰功仕至都統又第十三弟超哈爾亦殉於錦州一門兩世死事者蓋六人而額亦都諸子顯者圖爾格外曰車爾格曰伊爾登曰超哈爾曰遏必隆並有傳曰敖德見子瓦岱傳又曰索渾與姓瓜爾佳氏者同名積戰功授騎都尉世職官議政大臣史與謨海並失其事云

車爾格幼從

太祖於軍中累功授騎都尉世職晉輕車都尉奉

命征東海瓦爾喀部大破之多所俘獲凱旋

太祖親出郊宴勞之又以父勳晉爵子
太宗即位設八大臣理政事車爾格與焉天聰元年以都統
奉
命同大貝勒阿敏等征朝鮮其國王李倧懾服願效職貢與
盟而還二年隨貝勒阿巴泰略明錦州松山有功五
年初設六部任刑部承政六年
命以二百人往明錦州捉生擒把總一兼有俘馘七年明廣
鹿島副將尙可喜遣吏納款奉
命偕內院范文程率將士往迎之次年自廣鹿島馳疏言可
喜統集廣鹿長山二島男婦三千餘來歸道遠乏騎

於每佐領下有四馬者撥二馬給之即日起行遂與
俱至崇德二年從攻皮島師還坐事削職罷任三年
重定部院官起授工部侍郎旋擢戶部尚書考滿復
授騎都尉世職以
世祖定鼎燕京
恩詔兼一雲騎尉順治二年卒
聖祖嘗特遣官祭墓子陳泰拉哈達自有傳
伊爾登幼時
太祖撫之宮中長任侍衛數從征討天命初築界藩及薩爾
滸諸城並有功

賜蟒服八年以敗敵達岱蘇巴爾漢及鞫獄明允授世職輕
車都尉累功晉男爵天聰元年八旗分設十六大臣
與焉三年率兵征獐子島獲船四沈之俘其人以歸
從征明克龍井關墮其水門入斬將二悉殲其衆復
攻遵化敗山海關援兵斬其將進薄燕京從克永平
灤州遷安等城師旋晉爵一等會兒圖爾格以都統
失守灤州罷
命代爲都統五年偕攻明大淩河城受
方略深溝堅壘環守之卒破敵兵明年
太宗征察哈爾與貝勒阿巴泰留守瀋陽七年

太宗諭諸貝勒大臣以征明及朝鮮察哈爾孰先諸貝勒大臣以既留八旗諸軍與屯明山海關外地請征明伊爾登曰與頓兵關外不若多率步兵備攻具徑入內地視其城可取則取之况蓄銳已久人有戰心往必摧陷明日卽

命率兵同貝勒岳託等取明旅順口俘獲人戶牲畜器用財貨無算與都統葉臣駐兵守之八年大軍征明復奉

命與貝勒阿巴泰都統阿山由巴顏珠爾格入龍門會大軍宣府敗明兵獲馬百餘進攻靈邱縣保安州並有功初諸大臣有所會議奏進卽出伊爾登曰公等何亟

其私乃爾既而集

禁門外又曰日者諸王謂八旗都統爲不及古大臣衆滋不悦適其兄圖爾格起吏部尙書入奏事衆以嘗得罪因非議之伊爾登意色不平都統篇古曰爾以爾兄爲無罪也伊爾登怒曰汝等呶呶獨能幸禍耳於是衆訐之法司坐削爵解都統任仍罰鍰尋隨征皮島以不俟旗纛輒先渡江復罰鍰三年起護軍統領明年武英郡王阿濟格攻明燕京伊爾登從三十人略地遇敵兵千擊敗之大獲其馬從

太宗攻明松山杏山偵其總兵祖大壽内監高起潛以兵二

千來犯乃設伏所由率四十人前誘敵至伏返而夾擊大敗其眾擢參政大臣尋兼內大臣六年從鄭親王濟爾哈朗圍錦州明經略洪承疇以兵來援營松山西北濟爾哈朗令右翼兵擊之失利退保乳峯山而兩紅旗兩藍旗駐營地為敵所奪都統葉臣等斂兵不進獨所領侍衛與四旗護軍恭順王孔有德及蒙古敖漢奈曼察哈爾兵與戰所乘
御廏馬中十八創死易馬中八創死又易馬中五創死而自身亦負數創戰愈厲敵兵迭進退凡四敗之
太宗嘉歎復男爵襲八次

賜銀四百兩時
御營駐松杏兩山間
命偕超品公塔瞻設伏高橋軍甫出遇明兵潰遁自杏山者
千人逆擊之多所斬馘進至高橋又遇杏山步騎六
百餘南奔塔山伏起殲其衆
御營移近松山夜突有明兵來犯與內大臣宗室錫翰整軍
拒之戰冠軍敵敗遁去
太宗命疏防侍衛大臣與不能力戰卻敵者輸罰鍰賚有功
將士得
優賞

世祖定鼎燕京晉爵一等三遇
恩詔累晉二等伯爵世襲罔替以年老致仕
世祖特諭伊爾登係效力老臣入朝令上駟院給乘騎賜食
每至必奏聞朕萬幾之暇即行召見又圖其像二一藏內
庫一子其家康熙二年卒
賜祭葬如典禮謚曰忠直六年建碑墓道旌其功三十七年
遣大臣致奠墓次孫噶都襲爵累官領侍衛內大臣
張玉書宜爾登墓碑國家之有重臣猶九廟之有宗
器巨室之有棟梁也其用之也非一日之報則其蓄
之也亦非一日之積宋蘇文忠銘張文定之墓謂仁
宗在位四十餘年蒐攬天下豪傑旣自以爲股肱心
膂而又留爲三世子孫百年之用余嘗讀其文以爲
知言伏覩
祖宗朝英傑景附際會風雲長養

培護傳之累葉更有度越前代萬萬者如二等伯伊
公其尤著也公諱伊爾登滿洲人父至勇公額亦都
巴圖魯以開國勳配食　太廟公生而明敏才
識絶人自幼嫻習武略天命中筮仕爲裨將
太宗文皇帝素廉知公才益見任用授三等阿思哈
哈番會他軍詿誤落職崇德中大師再略明都公在
行閒與敵軍遇逆戰者千餘人公率勁卒三千人擊
之敵敗走盡獲其馬匹有諜者言明總兵祖大壽偕
太監高某分兵二千潛襲我軍時我軍用步卒設伏
以待敵逡巡不前公乃將四十騎紆道誘敵且戰且
卻敵兵遂遇伏公與伏兵合力奮擊大敗之錦州之
役公率多爾濟哈等將右翼時敵衆我寡諸將相顧
眙愕莫敢進擊公觸刃先登與敵共戰四合皆敗之
公勇力冠諸軍而其潛機制敵應變如神尤爲諸老
臣宿將所難故所至皆勝崇德六年以功授原職
世祖既定燕京推恩勳晉一等阿思哈哈番郊
祀禮成　覃恩在廷諸臣以公父至勇公有世勳
特晉公三等精奇尼哈番嗣兩遇　尊號禮成
復由三等伯晉封二等伯世襲不替康熙二年六月
以疾卒於位　朝廷聞之震悼遣官諭祭　恩

賫有加易名忠直年六十有八夫史稱召公畢公爲周室元老歷事文武成康四世而其壽考皆逾百齡以公方之則始襄締造之功繼贊太平之業巋然四世之老矣而躬親矢石久歷戎行武功之茂視畢召二公猶且過之獨是康彊白首雖不爲無年而論者竊以未登期頤爲公未盡之憾嗚呼以至勇爲父以忠直爲子其爲不朽豈復可以年齒論哉公生子一人早卒孫噶篤襲封二等伯爲内大臣護軍統領將樹石於墓道而乞銘於余特援據舊聞述其梗概以志我　國家人材之盛云爾銘曰天翊景運英傑駿奔奕葉光裕厥有世臣赫赫忠直偉略絶人克紹至勇益大厥聲龍韜虎略拏風躍雲斬關薙寇佐命作京遺孽未息提戈四征應手斷肮前無堅城丹書鐵劵上賞是膺白首耆艾允矣國楨人雖云亡令名永存勒茲片石百祀有徵

超哈爾少從

太祖征討有功天聰九年同諾海鄂莫克圖等八大臣略明

長城喜峯潘家董家等口歸擊其沿邊戍卒俘馘百餘人獲馬五累擢護軍統領崇德三年從征明燕京將入關擒蒙古二人獲馬四至燕京城北奪取其紅衣礮遇明兵擊敗之又敗蘆溝橋步兵授議政大臣

太宗謂曰今之簡用以爾一心爲主盡力效忠故耳嗣後國家要務必抒誠辦理旋從貝勒岳託越燕京至山東還內監馮永盛兵擊之敗去攻任邱縣毀其城大軍至趙北口河濱而明兵千餘壞河間府橋我兵不得渡獨率兵自河西襲擊其後敗之他兵又至又擊敗之大軍出關殿後至太平寨大敗其追兵以護軍統領兼

禮部參政五年轉兵部七年從圍錦州城內以兵出
戰身先諸將逆擊於郭內殞焉年四十有一
太宗悼之甚曰朕本欲用超哈爾爲一等大臣不意今遂戰
沒遣大臣迎其靈櫬入城
賜葬銀五百兩積功予世職輕車都尉矣晉二等順治十二
年
世祖特謚果壯追贈一品勒碑墓前子格黑里襲𣳚子額黑
里初任佐領順治二年格黑里卒額黑里襲五年以
參領隨鄭親王濟爾哈朗征湖廣擊流賊一隻虎於
荆州敗之又偕參領博爾惠追敗僞侯郭某七年凱

旋先是京師五城設滿洲理事官以額黑里任中城
明年遷都察院理事官三遇
恩詔晉爵二等男九年奉
命率兵五百往江甯駐防會平南將軍金礪以鄭成功據海
澄縣請增兵進勦
命撥江甯杭州兵各五百合額黑里所部與參領烏庫理等
統之赴福建至則其黨以兵千餘踞海崖毁橋拒戰
偕金礪率兵進擊大敗之遂攻海澄成功以兵來奪
紅衣礮又偕擊敗去旣而連戰皆捷復擊敗其餘黨
撫降甚衆十二年擢兵部侍郎論功晉爵一等十六

年成功突犯江南陷鎮江逼江甯給事中楊雍建疏
劾樞臣疎於運籌致令狂逞額黑里坐降級留任明
年甄別部院諸臣以於部務弗任勞怨
命解任降爵三等男授光祿寺卿尋改通政司通政使康熙
二年遷副都御史五年復任兵部侍郎七年擢工部
尚書十年以疾卒
賜祭葬如故事子英素襲爵
遏必隆天聰六年
太宗命襲父爵任侍衛九年
詔免功臣傜役遏必隆與焉並給人戶使管佐領事以事削

爵崇德六年從征明至松山其總兵曹變蛟率步騎自乳峰山犯兩黄旗營連戰卻之夜三鼓變蛟又突
御營率家人扼後營門壘殪其前鋒敵不能進次日驗箭所射殺十餘人
太宗奬之曰巴圖魯子仍巴圖魯也罰守衛不嚴諸臣輸鍰賚有功將士得
優賞七年隨貝勒阿巴泰等征明自長城入克薊州進兵山東攻夏津先登克其城授騎都尉世職順治二年流賊李自成遺孽李錦與賊黨郝搖旗等竄聚湖廣隨順承郡王勒克德渾往討之師次武昌要隘皆賊所

據先大軍且戰且進斬馘無算遂拔鐵門闕晉二等
輕車都尉五年兄子科普索訐其與白旗諸王有隙
設兵護門事坐革世職及佐領籍家產之半八年
世祖親政訟削職冤
詔復之明年科普索獲罪以所襲圖爾格二等公爵令遏必
隆并襲爲一等公有護軍擺思哈喇者當
太宗上賓時託疾不守門舉其罪下部鞫實置之法籍其家
與遏必隆旋任議政大臣掌鑾儀衛事擢領侍衛內
大臣十四年加少保兼太子太保尋加少傅兼太子
太傅十八年受

顧命與索尼蘇克薩哈鼇拜爲輔政大臣康熙六年御史張
惟赤疏請
聖祖親政於是索尼等以歸政請遏必隆亦懇請再三七月
躬親大政
加賜一等公爵以其長子法喀襲原授之一等公奏辭不允
賜戴雙眼孔雀翎明年加太師尋乞罷輔政
温旨慰留又明年再請乃許先是索尼多病而鼇拜專政與
蘇克薩哈不相能遏必隆不能自異及鼇拜倡圈易
旗地中外大臣皆謂不便遏必隆欲停止窺鼇拜意
在必行遂弗與爭旣而鼇拜矯

旨誅大學士蘇納海等復族誅蘇克薩哈遏必隆不能阻亦
不入奏鼇拜既敗
聖祖以遏必隆同列輔政知其惡緘口不語
詔法司并逮問論死宥之削太師銜及後
賜之一等公九年
諭前以輔政大臣遏必隆知鼇拜樹黨亂政不豫行糾劾故
坐之罪今念其爲
皇考顧命大臣且勳臣子其咎止於因循瞻顧未嘗躬負重
愆可仍以公爵宿衛內廷遂以一等公品級入
朝侍直十二年疾篤

聖祖臨視慰問及卒
賜祭葬謚曰恪僖勒石墓道旣以
册立
孝昭仁皇后推
恩所生
特旨令立家廟
賜御製碑文復
御書策銘金石四字額其祠五十一年
聖祖念遏必隆曾襲其父世爵緣事削除未襲
特命以其第四子殷德襲一等子世爵第五子阿靈阿襲一

等公阿靈阿初任侍衛兼佐領既襲爵授散秩大臣
累遷都統以誣謗其兄法喀褫職留公爵旋起侍衛
累擢理藩院尚書康熙四十七年與揆敘等先舉允
禩爲皇太子
聖祖詰責之事具揆敘傳五十五年卒於位
陳泰三世將家有英略當大兵征明以護軍參領從
父車爾格攻錦州瞭見甯遠援兵先衆逆之斬執纛
者獲其纛與馬天聰三年從
太宗征明燕京駐軍德勝門外分兵攻巡撫袁崇煥營遇伏
奮擊之多所斬獲五年從圍大淩河城明監軍道張

春來援設伏擒其偵卒率步軍進戰殲之崇德元年
從征朝鮮偕副都統薩穆什喀夜襲破黃州守將營
三年隨睿親王多爾袞征明敗明兵於豐潤縣攻內
監馮永盛總兵侯世祿營拔之又以護軍三十擊敗
總兵祖大壽騎卒百餘獲纛二馬二十五五年從攻
明錦州有降明蒙古蘇代來歸率攻杏山敵兵大獲
其牲畜明年再圍錦州敗松山兵我樵采者爲敵所
困以六人援之歸敵人自後來襲再戰再勝遂克其
郛累授輕車都尉世職七年從攻錦州掘濠圍其松
山兵錦州兵以夜出犯正黃旗蒙古營往援敗其眾

八年隨貝勒阿巴泰等征明敗總兵馬科於渾河築浮梁濟師明總督范志完以兵來拒復擊敗之至山東攻東阿汶上甯陽三城皆下晉世職二等順治元年從入山海關破走流賊李自成又追敗之望都晉一等四年授禮部侍郎從征湖廣敗流賊一隻虎於荆州尋奉

命爲靖南將軍同副都統棟阿賚征福建至則擊曹大鎬兵敗之進至建甯張耀星以步兵四千迎戰敗去克同安平和二城五年破鄭彩兵彩遁入海復長樂連江二縣擒其總督顧世臣等十一人於興化斬之郡縣

以次降下福建平六年授護軍統領七年晉二等男
擢刑部尚書八年遷吏部授國史院大學士旋以加
上
皇太后尊號誤增
恩詔赦款
世祖詢之以有例對下廷議坐巧飾詐奏罷任降世職一等
輕車都尉九年起禮部尚書充會試主考官旋授鑲
黄旗都統又
特旨晉二等子十年授甯南靖寇大將軍征湖廣陳泰席兩
世餘烈從戎早歲所至皆有功洎敭歷中外出運機

略入持銓衡卒亦累至大將其後沒
王事踰年
世祖念之倘爲流涕君臣相契至於如此此
世祖所由統一天下而無忝厥世如陳泰者抑足多焉十一
年改吏部尚書兼都統仍任大將軍十二年流賊張
獻忠餘黨孫可望遣賊帥劉文秀與賊將盧明臣馮
雙禮等率衆六萬樓艣千餘犯岳州武昌文秀以精
兵攻常德陳泰遣護軍統領蘇克薩哈設伏以待而
參領呼尼牙羅和先與賊遇擊之賊小卻復遣參領
蘇拜希福等以舟師逆擊八旗迭進敗賊者三賊復

列艦拒戰伏發焚其船賊復大敗別遣參領穆成格巴克善等破賊衆於德山下師抵龍陽縣賊又集衆來犯我兵縱擊賊潰奔明臣赴水死雙禮負創遁文秀走貴州降僞副將等五十餘員兵三千餘晉一等子兼一雲騎尉未幾卒於軍

賜祭葬如典禮謚忠襄明年

世祖宴凱旋諸臣謂曰大將軍陳泰南征勳績懋著卒於戎行朕甚傷悼因揮淚不已復

諭學士麻勒吉等曰若大將軍班師生入國門朕將親酌宴勞不意中途棄捐不復相見爾等以此一觴奠大將軍靈

次少抒朕追悼之懷諸臣及左右侍從無不感泣子尼滿襲爵

拉哈達車爾格第五子初任侍衛兄法固達襲父騎都尉兼雲騎尉世職順治七年

世祖以自其祖額亦都仍世著績晉輕車都尉尋卒拉哈達襲兩遇

恩詔晉世職一等十七年授兵部督捕侍郎明年擢工部尚書列議政大臣康熙三年授本旗蒙古都統八年調滿洲都統十三年授鎮東將軍駐防兗州既至以逆藩耿精忠叛應吳三桂犯浙江

詔往署杭州將軍與平南將軍賚塔總督李之芳等治軍禦之旦

勗以和衷賊自溫處犯金華遣副都統沃申副將陳世凱迎

擊大敗之擒斬僞都督閻標及僞官百數兵七千有奇時賊分犯黃巖台州而甯波紹興俱震提督塞白

哩屢疏入告

聖祖既命康親王傑書爲大將軍統師赴浙貝子傅喇嗒爲

甯海將軍分兵援台州復

詔康親王未至軍軍事任之賚塔與拉哈達康親王至金華

詔副都統雅塔哩署杭州將軍拉哈達以都統參贊康親王

軍務十四年擊賊於處州復松陽宣平二縣明年春隨康
親王進兵福建耿精忠乞降鄭錦據漳泉興化其將
許耀以眾三萬逼福州營烏龍江南小門山眞鳳山
率兵渡江擊之破其營十四逐北四十餘里擒總兵
四副將以下三十餘冬授甯海將軍十六年同賚塔
進兵興化破二十六營斬其總督趙德勝復興化其
總兵郭維藩以仙游降許耀走泉州據之以守乘夜
進圍之漏未盡梯入斬許耀及他總兵副將等進復
漳州及海澄等十縣降將校四百有奇兵踰四千移
師征潮州叛鎮劉進忠迎降還福州明年鄭錦都統

劉國軒陷平和進犯海澄遣副都統瑚圖禦之碧落
泉潛石山河灣及紅蕉寨葛布山並有斬獲國軒斷
江東橋及長泰同安諸小徑我師不能進海澄遂陷
副都統穆赫林提督段應舉死之漳平同安惠安並
不守國軒犯泉州
詔責不急援海澄趣帶罪赴泉州禦勦議由長泰大路進會
江水泛漲泥濘不可行侍讀學士李光地時以喪家
居遣人至軍爲嚮導遂率兵由南靖蒼峰嶺朝天嶺
至漳平招降其總兵黃瑞標張勝以下官二十餘兵
四百有奇復踰石桂嶺趨安溪進薄泉州國軒遁走

十八年遣遊擊趙雲勦泉州之臭塗澳斬級五百餘
焚其寨初國軒逼泉州築城掘濠於濱海之東石扼
金門廈門要害至是遣副都統沃申攻之水陸並進
力攻克其城斬其參將遊擊數人擒總兵陳深及其
眾百數十溺死者無算獲船礮器械甚夥明年由同
安港口進至潯尾招降數寨分兵自由中路巡撫吳
興祚由左總兵王英由右徑渡趨廈門而賚塔與總
督姚啟聖提督萬正色楊捷總兵黃大來等如期以
兵來會三面合攻遂克之遣兵趨金門其總兵吳國
俊等迎降鄭錦遁臺灣

詔康親王還京拉哈達與副都統馬思文以兵千人駐福州
二十一年
命率所統滿洲兵還京明年坐海澄陷不能救援應降世職
為三等輕車都尉罷都統任
聖祖以平閩有功且久任都統能稱其職免罷任二十四年
致仕四十二年卒年七十有七
賜祭葬如故事
瓦岱父敖德歷事
太祖
太宗累官戶部參政崇德元年從定朝鮮敗其兵套山村五

年從征明圍錦州擊松山援兵敗之順治元年從入
山海關擊敗流賊李自成追至望都又敗之累功授
騎都尉世職七年九年三遇
恩詔晉二等輕車都尉瓦岱初任侍衞
世祖定鼎燕京署護軍參領從征雲南湖廣有功郎眞康熙
十三年逆藩耿精忠叛應吳三桂由福建掠江西從
安親王岳樂往討所至爲軍鋒擊賊撫州鍾家嶺面
中創賊衆乘夜犯營力疾擊退僞都督易明僞總兵
李茂桂分路來拒戰卻之又敗賊衆於瑞州府北山
降東鄉縣并僞官五十餘人士卒萬餘人移兵征建

昌僞侍郎邵連登僞都督吳雲率衆數萬水陸並進列三十餘營於長興阻山以拒與將軍希爾根分陳山下鳴角仰攻多所斬獲矢殪連登餘潰復截其歸路獲賊船六千餘下建昌城進攻新城縣先登克之十五年吳三桂逆黨夏國相以萬餘人據萍鄉縣來龍山偕諸將分道進擊賊敗遁遂復縣城進征湖南仍爲軍鋒戰南橋戰齊家峒皆捷十八年大軍復長沙衡州寶慶並殪賊帥於武岡州克其城趨紫陽河南賊營分踞渡口瓦岱俟諸軍進戰引兵繞出賊營後夾擊之賊潰遁追斬數百級擒僞都司一復連敗

賊衆於雙井鋪楓木嶺湖南郡邑以次底定師旋授
護軍統領予雲騎尉世職二十一年授江甯將軍越
二年
聖祖南巡以居官清廉
賜御用袍孔雀翎并銀千兩明年授鑲黃旗都統以博濟來
代
諭之曰前此將軍副都統與地方官各不相能自瓦岱爲將
軍衆志克諧彼此和協爾當效之瓦岱既至京任議政大
臣二十七年湖廣裁兵夏逢龍以是倡亂聚衆據武
昌漢陽等城

命爲振武將軍赴湖北剿之師至黄州僞總兵趙得以城降
而僞總兵胡約謙等復獻武漢二城黄岡生員宜㬻
生縛致夏逢龍磔之軍前并誅其黨班師三十年
命爲定北將軍率兵出張家口赴圖拉追剿噶爾丹至克魯
倫河偵賊遠去乃還明年二月
聖祖以理藩院請於邊外達勒鄂莫瑚爾鄂莫諸處墾種派
内務府及八旗諸王各莊屯丁往耕
命瓦岱同都統班達爾沙等管理
諭以善爲經營及時廣播大麥油麥糜黍諸種深耕勤耨俾
多收穫十月以督耕不勤田穀無收部議降一級遂罷任

剳雲騎尉世職尋卒於家

吉林通志卷八十九

人物志十八　國朝三

安費揚古　遜塔

都爾德　何和哩

多濟禮　和碩圖 子和爾本

都類　舒里渾

揚古利 子塔瞻 子愛星阿　塔瞻 楞額禮

納穆泰　譚泰

譚布　伊爾德 孫巴渾岱

安費揚古姓覺爾察氏世居瑚濟寨後隸滿洲鑲藍

旗父完布祿事

太祖有章甲尼麻喇人誘之叛不從又劫其孫要之終無貳志安費揚古少從

太祖征伐歲癸未薩爾滸城長諾木納陰附尼堪外蘭

太祖執誅之命以兵取其城逆戰者殲焉兆佳城長李岱導哈達兵三百人劫瑚濟寨既去時安費揚古方獵聞以十三人疾追斬哈達兵四十奪所掠還歲甲申從取兆佳城獲李岱其黨李古里扎泰走附汪泰奉

命往招並汪泰降之從征馬爾墩寨寨據山巔仰攻之矢石交下三日不能克乃夜率兵從間道攀崖上敵覺已

登遂拔其寨歲丁亥從征哲陳部乘夜攻拔其城城
長阿爾泰遁去追斬之既從征洞城及王甲並有功
又攻克章甲尼麻喇赫徹穆等城又取香潭寨其長
李墩拜湖走碩郭追擒以獻安費揚古性貞亮勇略
夙著從
太祖經營草昧日櫛月沐進則前行還則後殿與額亦都二
人實先開國諸勳臣効其疏附敗葉赫進討訥殷路
斬收穩色克什事具額亦都傳非時而冰用定黑龍
江諸部具扈爾漢傳從
太祖征烏喇台吉達拉木兵潰其陳突至城下攀堞以登樹

大纛城上我軍睹之大譟悉登遂滅烏喇功最矣其
功在
社稷尤稱哈達之役先是歲癸巳旣克哈達之富爾佳齊寨
師還
太祖躬殿敵騎潛躡焉阻險踔馬掩至
太祖方迎射前騎他騎已揮刀來犯勢瀕於危安費揚古大
呼橫出截之揮刀者甫回視其首已墜又斬二騎衆
始奔是以列五大臣佐理國政且
賜號碩翁科羅巴圖魯蓋猶言鷙勇云自餘奉
命征東海渥集部取烏爾古宸木倫二路又破明總督張承

蔭援撫順之兵乘勝取三岔兒諸堡又破明經略楊鎬兵滅葉赫又取瀋陽遼陽並著勳伐天命七年以一等大臣卒官年六十有四

世祖追諡敏壯建碑墓道

賜輕車都尉世職

聖祖謁

陵至盛京特遣大臣奠墓次又

賜輕車都尉世職令其後分襲子八人碩爾輝襲所分世職洊列十六大臣阿爾岱累戰功沒天聰五年大凌河之役

卹贈輕車都尉達爾岱以參領從征明及朝鮮數斬馘有功

予雲騎尉世職又以父勳及再遇

恩詔超晉一等輕車都尉敦兒以從入關破流賊功累授輕

車都尉世職而碩爾輝子遜塔阿爾岱子都爾德並

有傳

遜塔碩爾輝次子

太祖時承管祖安費揚古所屬人戶爲佐領天聰八年

太祖以其能予騎都尉世職崇德三年授戶部副理事官員

勒岳託奏

命征明由牆子嶺毀邊牆入以署參領偕前鋒統領席特庫

等擊敗明總督吳阿衡兵遂越燕京畧山東明年春
師還將出邊敵躡我後偕護軍統領圖賴等力戰卻
之復侵我喀喇沁營移師赴援敵潰走六年從圍明
錦州明經畧洪承疇集兵赴援列營松山偕參領藍
拜攻之連破其三營旋乘陰雨犯我右翼軍復偕藍
拜步戰卻敵八年卽眞順治元年從睿親王多爾袞
入山海關擊敗流賊李自成累功晉輕車都尉三年
從肅親王豪格征流賊張獻忠至漢中擊賊黨何進
敗之又擊敗叛鎮賀珍進師西充獻忠糾賊抗拒偕
都統李國翰等連挫賊衆五年凱旋兼任刑部理事

命駐防淮安六年莒州賊曹艮臣糾黨數百掠海州城知州張懋勳州同李士麟擊賊遇害亟同參領烏達琪兵備道卞三元漕標遊擊王欽中等往剿賊遁歸馬髻山進兵圍之絶其去路就其巢擒艮臣及其黨盡殲焉旋師復殄羽山牟山餘賊初揚州設浙淮鹽務理事官兼僉事銜尋改兼户部左侍郎銜是年詔以遜塔任之駐揚州七年改督理漕運户部侍郎移駐淮安明年裁還京授鑲藍旗滿洲副都統三遇

恩詔晉男爵十三年擢工部尚書考滿廕一子入監十五年

官尋

監修
壇廟工程晉爵二等旋以建造
乾清宮怠玩議鐫級得
旨寬免兼鑲藍旗蒙古都統十七年應
詔自陳罷尚書專任都統是年明桂王朱由榔竄緬甸其將
李定國白文選等分據孟艮木邦謀入犯永昌普洱
元江奉
命與定西將軍愛星阿及護軍統領費雅思哈等率禁旅赴
雲南合鎮守兵進勦明年冬會師木邦定國文選皆
走大軍趨緬甸緬甸人執由榔來獻文選降論功並

前從征張獻忠滅曹艮臣晉一等男兼一雲騎尉世
襲罔替康熙四年遷本旗滿洲都統卒
賜祭葬如典禮謚曰忠襄子伍爾希襲爵
都爾德天聰八年襲父阿爾岱輕車都尉世職順治
元年以刑部理事官從睿親王多爾袞入山海關破
流賊李自成有功又從豫親王多鐸南征擊流賊敗
其衆我軍歸營賊又合黨來追殿後力戰再敗之明
日設伏潼關側誘賊與戰伏起夾擊賊潰進攻賊第
二營步兵克之晉世職二等二年復從多鐸趨河南
賊將劉方亮率兵千餘來窺偕敦拜逆擊之大敗去

既同宗室韓岱等趨揚州破敵兵城北獲船百餘艘從追明福王至蕪湖偕都統圖賴等擊敗其總兵黃得功晉世職一等三年從貝勒博洛征福建偕伊拜等攻下建甯延平等府明唐王朱聿釗走汀州隨阿濟格尼堪等追襲之聿釗及曲陽王朱盛度與官屬皆死遂定汀州五年從鄭親王濟爾哈朗征湖廣流賊六年賊渠王强率衆犯沅州偕阿哈尼堪破之城下斬僞副將三兵七百有奇獲馬七千餘匹八年任議政大臣再遇

恩詔晉爵一等男康熙三年卒

賜祭葬如典禮諡曰忠襄都爾德與遜塔並安費揚古孫並

諡忠襄亦勳門盛事也

何和哩姓棟鄂氏故瓦爾喀人遷居棟鄂因以地爲

姓俗類然也祖曰克徹巴顏父曰額勒吉世長其部

何和哩幼而凝重有識能斷一出以寬和年二十許

代其兄屯珠魯巴顏爲部長士馬壯盛雄視一方

太祖欲籍其兵力令人延至款以賓禮以長女固倫公主妻

焉乃簡所部來歸授一等大臣隸滿洲正紅旗前妻

聞其尙主也怒掃境來索戰部勒甚整

太祖爲騎出解之然後罷兵歲戊申從征烏喇有功歲辛亥

奉
命同額亦都征渥集部之虎爾喀路攻拔扎庫塔城多所俘
馘降其環近各路取五百戶以歸歲癸丑再從
太祖征烏喇當是時貝勒布占泰期送質子於葉赫比以謀
我將行我師先一日至克其郭多鄂謨二城卽駐以
待翼日布占泰率兵三萬越富勒哈城而軍
太祖欲申諭之冀其悔罪求和何和哩與諸貝勒大臣進曰
我軍士飽馬騰戰無不勝所慮布占泰不出耳今敵
軍旣出平原廣野可一戰擒且布占泰反覆難信久
矣由是進擊克其城烏喇遂滅天命四年明經略楊

鎬以六總兵分四路來侵從
太祖禦之明兵潰敗去六年從取瀋陽遼陽及他所降下凡
七十餘城開國勳臣戰勝攻取以武功爵盟帶礪耀
旂常者指不勝屈何和哩非其倫矣至決籌策帷幄
抑有獨多宜與費英東額亦都扈爾漢安費揚古之
屬同爲五大臣佐理國政而不僅以額駙致顯榮也
累功授子爵九年卒年六十有四於是五大臣無存
者
太祖哭之慟曰朕股肱諸臣天何奪之速而不遺一人耶
太宗晉世爵三等公

世祖謚曰温順勒石紀功
聖祖謁
陵至盛京特遣大臣奠其墓
世宗加封號曰勇勤子六人而多濟禮和碩圖都類最著
多濟禮初以佐領事
太宗於藩邸從征烏喇有功天聰三年遷參領從大軍征明
至燕京攻奪土城關五年從圍明大淩河城數敗敵
兵積功授輕車都尉世職崇德元年率師征瓦爾喀
部俘人民千計獲牲畜豹皮等物甚夥師旋
太宗遣禮官迎宴之擢副都統四年奉

命同鎮國公扎喀納等統兵駐守藩城屏城閒會內大臣多
爾濟所屬竊馬由戍所遁追之弗及坐革世職籍沒
家産
命留弓矢甲冑及三馬與之仍管副都統事五年率兵於錦
州防禦兼稽察叛逃旋同參領喀珠赴甯古塔集兵
三百餘征烏扎喇布俘百餘戶獲馬牛及貂貉虎狐
等皮無算師旋
命禮官迎宴如初以所俘獲分
賜將士明年我軍圍明錦州明經略洪承疇集諸鎮兵三十
萬赴援據乳峯山松山列營

太宗統諸王大臣親征旣屢敗之度且遁分布諸將截其歸路多濟禮率騎兵循海追擊殲敵甚衆順治五年卒和碩圖初襲父子爵臨事明敏兼通漢文
太祖愛其才以大貝勒代善女妻焉封和碩額駙
太宗卽位授本旗都統從征朝鮮又從征明錦州甯遠有功天聰二年從貝勒阿巴泰率師破明錦州杏山松山諸路兵又從征察哈爾克其四路論功加五佐領又以父勳晉爵爲公三年從貝勒岳託濟爾哈朗攻明大安口擊敗馬蘭峪防兵敵再以兵來援再擊敗之進攻遵化受

太宗方略攻其城西面之北克之進薄燕京營土城關敵兵來犯擊卻之又舍大軍先進敗敵盧溝橋偕副都統阿山等陣斬明總兵滿桂孫祖壽獲黑雲龍麻登雲以獻師旋攻永平府克之四年率兵駐守灤州五年

太宗書賜諸貝勒大臣勉以殫心盡職時和碩圖已列八大臣疏言

上諭敦切臣雖駑鈍敢不兢業自持以圖報稱若畏罪緘默知而弗言不勤理庶務自溺於便安惟天鑒之既偕圍明大淩河城敵兵突圍出與都統葉臣等夾擊之追奔至城濠乃還七年

太宗詢征明及朝鮮察哈爾三者何先疏言征明宜先固城堡然後相度其邊界蹈瑕而入若天意佑我各城納款雖欲速歸勢有不可故必固城堡而後無虞焉南面如蓋州六城可暫停修築仍立界屯耕以我兵去後敵來窺伺鞭長莫及艱於救援也惟將瀋陽牛莊耀州三城修理庶邊界內外皆可長驅矣未幾病卒年三十有八太宗親臨哭之順治閒追謚端恪立石紀功子和爾本襲三等公爵以祖父勳賜免死二次崇德二年任護軍統領從貝勒岳託征明徇山

東山西十數戰皆勝所攻城堡無不下者四年以病
卒於軍年僅二十初和爾本亦尚主崇德元年封所
尚爲固倫公主棟鄂氏於
國家蓋世姻也
都類初任佐領天聰時擢本旗都統以其爲長公主
出
命管兩佐領八戶崇德元年偕都統譚泰等圍朝鮮國都以
雲梯先登守陴者無敢拒凱旋坐失察所屬違法諸
罪罰鍰奪所俘獲三年從貝勒岳託征明踰牆子嶺
至密雲敵以步騎三千逆戰偕譚泰夾攻敗之獲馬

百駝二十乘勝略地至山東濟南府乃班師四年
賞珊瑚珠一串從征明錦州還坐徇庇及他事罰鍰削一佐
領罷都統任
太宗尋命復都統任謂諸貝勒曰都類雖有罪念公主在仍
令兼轄兩佐領旋又以在濟南私明德藩窖藏等事爲下
所訐法司鞫實論死沒財產入官
命免死納贖削職并所管人戸八年再起爲都統妻以禮親
王女封和碩額駙同輔國公篇古等率兵鎮守錦州
世祖定鼎燕京授騎都尉世職從肅親王豪格征張獻忠道
出西安分兵滅慶陽土賊會兵西充獻忠旣殪與都

統準塔等分剿川北各郡邑餘賊斬獲無算論功復
累遇
恩詔晉爵二等伯順治十三年卒
舒里渾姓棟鄂氏故居瓦爾喀蓋何和哩族屬遠近
未詳祖喀喇當
太祖時以子姓來歸授佐領後隸滿洲正黃旗數從征戰有
功
賜號巴圖魯天命四年禦明總兵劉綎力戰冠軍被創七尋
以創發卒父扎福尼天聰四年從征明灤州我軍有
三人被執縱騎入敵陳無能攖者悉挾以出論功予

騎都尉世職八年隨步軍統領巴奇蘭等征黑龍江有功兼一雲騎尉有頭卒舒里渾襲天聰五年初以護軍校從征明大淩河守城蒙古兵出戰擊卻之順治二年從英親王阿濟格追勦流賊李自成於延安府七戰皆捷自成遁湖廣躡至安陸獲賊船十有四三年從豫親王多鐸討叛者騰吉斯多所斬獲又擊喀爾喀土謝圖汗及碩類汗兵敗之師還授佐領六年從端重親王博洛征大同叛鎮姜瓖敗其偽巡撫姜建勳十一年擢護軍參領十五年以本旗滿洲副都統隨信郡王多尼征雲南擊敗李成蛟於涼水井

追至雙河口遇李定國兵又敗之凱旋晉男爵十八年卒子穆里渾襲而舒里渾有弟曰洛多㰎曰崆古圖天聰七年洛多㰎從貝勒岳託攻明旅順口克其城崇德六年從圍錦州擊敗明經略洪承疇兵七年從貝勒阿巴泰攻明順德府方鏖戰城下有執銳闘然自萬衆中先登者則洛多㰎也遂取之

賜號巴圖魯予輕車都尉世職屢遇

恩詔晉世職一等兼一雲騎尉順治十七年卒無子崆古圖襲初以護軍校從靖南將軍陳泰征福建克興化城功最擢參領康熙十三年隨副都統雅賚阿喀尼等

征逆藩耿精忠至江西敗賊小孤山復彭澤宜黃崇仁樂安等縣十三年禦逆藩吳三桂將夏國相於萍鄉敗之十八年進軍湖南擊敗賊將吳國貴於楓木嶺復武岡州尋卒子多博海襲

揚古利姓舒穆祿氏世居琿春父郎柱爲庫爾喀部長歸誠於

太祖所以遇之甚厚

命其子揚古利入侍隸滿洲正黃旗郎柱爲部人所害圍其家其妻毅然有勇略婦人也襁幼子納穆泰於背屬韃佩刀射圍衆突出以其族來歸未幾庫爾喀舉部

内附揚古利諗於母得部人害其父者主名逆而刃
之哭啖其耳鼻皆盡時年甫十四
太祖甚異焉妻之以女封額駙試使守汎江上警備嚴密無
敢犯者偕征輝發多壁城城阻大水衆難之獨拍馬
先衆渡大獲而還從取納殷布及朱舍里安褚拉庫
等路皆有功哈達貝勒孟格布祿恃其勇時懷反側
從
太祖往討先登拔其城擒孟格布祿歲丁未遷蜚悠城戶口
扈爾漢以兵三百與烏喇萬人相持山谷間揚古利
厲衆曰吾儕平居相謂與死於疾無甯死於敵此其

時乎持矛突入殪其前鋒七八敵小卻諸軍踵至乘勢并擊大破之再征輝發越寨栅二先入奪其城取赫席黑等路常爲軍鋒俘獲甚衆歲戊申從征烏喇金州城城中守禦甚力獨冒矢石攻克之歲癸丑再從征烏喇青玉河敵勢甚鋭

太祖遣使持矢令諸將退獨麾衆薄城覷一隅疾攻之遂拔從擊明兵於界藩與貝勒阿巴泰爭陷敵陳敵不支敗去進攻尙間崖

太祖令傷者勿行獨裹創率所部夜出其背憑高下擊大破之取鐵嶺敗蒙古貝勒介賽兵於途天命六年大軍

取瀋陽遼陽眾頗瞻顧獨以爲可取每戰輒身先士
卒瀋陽既定戰河橋戰沙嶺皆勝遂下遼陽
太祖嘉其功績閔其傷痍命轄六佐領位次八貝勒下授一
等子世爵且
詔勿更臨戰陳後
太宗特授三等公爵尋晉超品公
命護軍爲守門
賜豹尾槍二令親軍佩之甲卒二十人爲衞他
賞賚無算揚古利最攻戰所得於開國諸勳臣豈盡出其右
哉

兩朝恩遇顧莫與比焉徒以屬在戎卒四十年餘無纖介之
過此旣加於人一等矣而所陳奏利害瞭如皆大者
遠者
天眷所在其可誣哉十年明總兵毛文龍兵三百夜入耀州
卒兵往殲之天聰元年從征朝鮮三年俘馘毛文龍
所遺採蔘者百數卒兵略明邊境尋從
太宗征明以護軍敗明總兵滿桂於燕京廸北我礮軍陷敵
伏中復以親軍十數抉其圍出之師旋略通州火其
船遂取張家灣次薊州明兵來援我兩紅旗護軍小
卻急卒所部正黃旗護軍銳進敵不能禦遂奔罰兩

紅旗出鍰悉以
賜因分之將士己無私焉四年率兵略錦州義州有功六年
太宗親征察哈爾
命同貝勒阿巴泰等留守旣從入明邊攻大同宣府與阿巴
泰拔靈邱縣斬知縣守備各一又攻墮王家莊七年
太宗詔問貝勒諸大臣征明及朝鮮察哈爾三者何先疏言
征伐之事不可間隔踰年不往敵人乘機修備欲圖
再舉恐或有誤我暇宜一年兩征否亦一年一往往
則深入其境遇城必克所克之城卽令已出痘貝勒
將帥率兵長駐

聖上與末出痘貝勒還都　儻不得城堡則縱兵焚略遇敵即擊降者撫之拒者俘之所俘各遵故事上獻至兵士所獲不計多寡聽其自取若此則人人貪得不待驅逼其男婦皆自鬻衣服買馬從征而兵勢大振矣所得城堡惟貝勒許更番駐守以下兵將不得數易蓋非勞苦功何由成地何由拓乎如謂有妨農事則待農事竣興師令婦子俟時收穫於農事亦無妨也今朝鮮察哈爾且置度外山海關外甯遠錦州亦且緩圖但當深入腹裏腹裏既得朝鮮皆吾手足察哈爾自爾歸順不然亦且遠遁矣由是

太宗決意征明崇德元年偕武英郡王阿濟格等入明長城

過保定府至安州克昌平等十二城五十八戰皆勝

俘獲億萬計二年從

太宗征朝鮮其全羅忠清兩道巡撫總兵來援南漢城同豫

親王多鐸進擊時天雪陰晦敵營不可見既而與敵

兵遇因縱兵人自爲戰敗之踔陰晦中逐北至山嶺

其敗兵竄伏崖側竊舉礮中揚古利創重遂卒年六

十有六

太宗哭之慟親臨解御衣衣之襯含斂畢奠酒始旋比葬復

親臨奠爲置守冢人建碑墓道追封武勳王

制曰朕聞有大功之人必有非常之報念爾超品公揚古利
輔理國政效力宣猷今又戰沒爰倣古制追封爾爲武勳
王用彰忠績萬世無替
世祖命配饗
太廟
聖祖謁
陵至盛京親奠墓叒復
御製碑文美其功
世宗加封號曰武誠而追王尤異數云子二人塔瞻襲超品
公爵擢任内大臣崇德六年

太宗親禦明經略洪承疇援兵於錦州
命往高橋設伏途遇明兵千擊斬殆盡旣伏高橋明步騎潰
自杏山者果至起殲焉
太宗尋移營松山明總兵曹變蛟夜以兵突入
御營塔瞻不能督衆守禦降爲一等公改
賜敕爲免死二次順治四年卒子愛星阿襲爵
世祖念其祖揚古利功加給輕車都尉俸授領侍衛內大臣
十六年大軍征雲南明桂王朱由榔黔國公沐天波
等奔緬甸其晉王李定國奔孟艮鞏昌王白文選奔
木邦

世祖命吳三桂移平西藩屬鎮雲南十七年三桂疏請發兵
入緬甸滅由榔以除邊患愛星阿奉
命爲定西將軍與都統卓羅果爾欽遜塔護軍統領畢力克
圖費雅思哈前鋒統領白爾赫圖等率禁旅會同三
桂進討十八年冬軍次大理秣馬逾月出騰越州取
道南甸隴川猛卯至木邦獲白文選所遣副將馮國
恩知李定國走景線文選與定國不睦屯兵錫箔江
濱愛星阿令果爾欽遜塔等簡精銳疾馳三百餘里
至江濱文選已毀橋走茶山大軍繼至結筏以濟別
遣總兵馬寗沈應時追文選自同三桂領兵趨緬甸

先是三桂數檄緬甸獻由榔其酋莽猛白遂殺由榔從官沐天波王維恭馬吉翔魏豹等數十人而使守由榔將如檄指軍夾舊挽坡去其城六十里酋使詣軍門請兵百人薄城即以獻遣白爾赫圖率前鋒百人進夾蘭鳩江復令畢力克圖率護軍二百繼發為應援於是緬甸船載由榔與其親屬及故從官妻女獻之軍前時文選為馬甯等追及於猛養度不能脫以眾降定國走死猛臘康熙元年奏捷

聖祖優旨嘉奬

命以所俘獲俾三桂區處愛星阿振旅還京仍為內大臣加

少保兼太子太保世襲一等公
敕書增紀其功三年卒
賜祭葬並銀三千兩謚曰敬康初大學士索額圖秉政明珠
方爲侍郎曲事之得見知
聖祖愛星阿謂索額圖曰明珠材智出君上抑於君不得舒
宜爲之地他日齮齕君者必是人也索額圖不能用
既果爲所擠落職明珠以大學士秉政世謂愛星阿
知人而揚古利諸弟顯者曰楞額禮曰納穆泰叉譚
泰譚布則其從弟也並有傳
楞額禮少從

太祖征伐以功授騎都尉世職累晉一等男任正白旗副都統天命九年明總兵毛文龍縱兵自朝鮮義州城西渡鴨綠江島中屯田

太祖命率左翼兵偕右翼副都統吳善襲之道獲諜者知明兵晝渡江入島治田夜歸宿義州江岸遂乘夜引兵潛行山中平旦度其衆已濟突馳至其島偵者不及聲礮舉烽燧衆驚而潰追斬五百餘級餘衆爭舟多墜水死焚島中積聚而還十一年偕征南島敗明守兵沉其船溺死者幾半

太宗即位列十六大臣尋擢本旗都統爲八大臣大貝勒代

善征喀爾喀別倘阿山以兵六百至巴林驅逐其哨
卒縱火燎原以張聲勢代善因擒貝勒十四人俘獲
甚衆
太宗嘉其功率貝勒大臣郊迎許行抱見禮晉子爵天聰八
年從大貝勒阿敏等征朝鮮至明哨地夜以兵八十
人襲其斥堠六所盡獲其哨卒旣攻義州次他將以
登克之晉爵一等三年明人自海島移駐朝鮮鐵山
奉
命往勦斬級三百七十俘百四十人獲馬二十一又隨其兄
揚古利捕逃人至雅爾古部遇毛文龍部下採蔘者

斬級九十六俘十九八五年與都統喀克篤禮分統左右翼兵征南海島有功又從圍明大淩河城軍城北面之西城守者總兵祖大壽也

太宗遣姜新招之降大壽出城與新揖語馬上遣遊擊韓棟與偕來自楞額禮所守入令軍士戎服執戟林立營門內外嚴整甚棟既入謁

太宗遣使送之仍自所守出楞額禮止詢姓名審形貌目光炯炯如飛電繞其身移時揮去棟大震悚還以狀白大壽大壽降志始決七年應

詔陳軍事略言宜先卒外藩蒙古及本國兵直入明內地薄

燕京蹂近郊資其糧草牲畜然後整旅奪山海關旣
入關卽屯駐關中積芻糧備往來攻伐之用此時若
不速圖遷延歲月則彼先有備進取轉難至於朝鮮
姑與和好若內地旣得朝鮮自爲我有也旋同貝勒
岳託等率右翼兵取旅順口師還
太宗迎勞如初八年正月卒
太宗親臨其喪諸貝勒諫不允遂往奠酒者三哭之慟明年
巡幸盛京北山道經其墓
躬下馬奠哭之
世祖追謚武襄子穆成格襲世爵累官副都統兼兵部侍郎

納穆泰少從
太祖征伐有功
太宗卽位擢爲八大臣授本旗都統天聰元年偕貝勒阿敏
等征朝鮮以功數被
優賞三年從
太宗征明營遵化城北面之西攻克之四年同都統圖爾格
守灤州明監軍道張春等來攻與圖爾格分禦之間
出精銳繞城轉戰敗敵兵驅之濠外敵復突至攻納
穆泰所守門焚城樓有執纛緣雲梯登城者我兵阿
玉什斬之奪其纛敵兵稍卻已而發礮猛攻貝勒阿

斂等援不至旣至而兵少城旦夕壞遂突圍走永平
隨阿敏棄城歸坐褫職籍家產五年同理事大臣布
爾吉入明邊獲哨卒攻拔其臺堡還遇叛人斬級六
執九人以歸明甯遠人張士粹來降詭稱明築大淩
河城工竣奉
命偕圖爾格往覘得士粹姦狀俘獲而還奏誅士粹尋擢兵
部承政授輕車都尉世職復偕圖爾格略明錦州松
山有功八年從
太宗征明入自上房堡毀邊牆進兵至大同攻王家莊先登
明年

命與圖爾格分統左右翼隨貝勒多爾袞等往取察哈爾林
丹汗子額哲
太宗率出師貝勒暨將帥謁
堂子復送至演武場授方略遣之於是出長城自應州趨平
魯衛城内出步騎五百列陳邀戰偕圖爾格擊破其
陳斬百餘人敵又糾衆據堡列營率所部圍而擊之
殲其衆論功晉男爵未幾卒
太宗時幸馬廠聞之震悼欲臨其喪弗果因以
御服賜斂子阿哈連襲爵既自積戰功授騎都尉世職加一
雲騎尉讓其兄阿拉密襲父爵阿拉密坐事降爲一

等輕車都尉順治九年從征湖南力戰岔路口殞焉

贈復男爵

譚泰初以從征董夔功授佐領天聰八年任護軍參領與都統圖爾格分統左右翼兵略明錦州還從

太宗入上方堡毀邊牆進敗明兵克保安州擢護軍統領主闕白諸事九年侍衛宗室濟馬護欲得揚古利舊居揚古利不允濟馬護屬譚泰轉奏揚古利其從兄也格不以聞濟馬護言狀

太宗責譚泰曰爾爲朕耳目凡事當無所瞻徇入告靡隱且濟馬護乃朕叔父之子其言尚壅蔽不達彼小民有勞苦

嗟怨之事何由得聞乎爾恃宗族强盛欺淩愚弱大負委
任下刑部議罪罷所任尋復授本旗都統崇德元年從武
英郡王阿濟格等征明克延慶州等十二城進圍定
興縣先登又設伏敗遵化三屯營守備殲其衆凱旋
太宗宴勞之坐不俟後隊從王貝勒先行出邊罰鍰奪俘獲
旋從
太宗征朝鮮其王棄城遁率兵入收錙重以獻從渡江追朝
鮮王至南漢城王降又坐所部先歸與造船誤期會
罰鍰進奪前所賜物四年從睿親王多爾袞等征明
與都統葉臣自太平寨率將士進奪青山口闕隘前

後十三戰皆捷五年與濟馬護兄輔國將軍鞏阿岱
相訴於
禁門鞏阿岱曰爾父德克塞之目吾所刺也譚泰曰爾
第知飲食耳爾何能詈辱幾至攘臂坐失大臣體論
罰六年從睿親王多爾袞等圍明錦州坐私遣軍士
歸家及離城遠駐罪免死罰贖旣而明經略洪承疇
率兵十三萬來援
太宗聞之統大軍至譚泰奏
聖駕親臨臣等勇氣自倍惟兵圍錦州累經攻戰頗有損傷
頃

旨令營高橋儻敵兵爲我所迫期錦州松山兵夾攻於死中
救活爲之奈何
聖駕卽欲自高橋來援亦必待勝負少分方可前進今如暫
駐松山杏山之間則臣等仰恃
天威必無不克矣
太宗從之於是以兵先往小淩河直訖海濱絶其歸路然後
進戰大敗之明兵退保松山論功授二等子爵明年
偕輔國公篇古等攻明薊州敗其總兵白騰蛟白廣
恩等陣斬遊擊三獲參將一他俘馘甚夥功最諸軍
八年奉

命駐守錦州順治元年從睿親王多爾袞入山海關擊流賊李自成破之追敗之望都復統前鋒躡擊至正定大破之論功晉一等公爵是時睿親王多爾袞攝政譚泰與敵心耶索尼並爲所親信都統何洛會誣肅親王豪格怨譚泰等不附己睿親王益以爲忠而任之大學士希福途遇譚泰謂曰爾故碌碌因人耶既欲更易

賜第譚泰銜前語不從又使謂曰爾爲都統爲我更撥第宅易易耳而不能爾豈少我耶譚泰怒會其弟副都統譚布以希福述睿親王多爾袞嘗自言過誤事因訐

之法司希福坐僞傳王言黜爲民二年英親王阿濟
格獲罪
詔譚泰會同都統鼇拜等集衆傳示譚泰匿
詔旨不以示索尼發之降公爵爲子解都統任譚泰訐索尼
於内庫鼓琴牧馬及
禁門橋下捕魚事亦罷其職亡何譚泰復任本旗都統
乞公主園亭於圖賴圖賴惡之先是江南未定諸將
分道進師譚泰自西安勦流賊還以已不與平江南
功遣使謂圖賴曰我軍道路紆險是以後至今南京
未下盍讓我軍取之圖賴具書使護軍賽爾特賫送

索尼轉啟睿親王多爾袞佐領希思漢竊覯之慮譚
泰得罪令賽爾特沈之河誑云已達索尼會譚泰與
婦翁都統阿山遣巫者治病下廷臣議罪其事並發
索尼曰吾發譚泰擅隱
詔旨罪顧匿其書庇之乎訊賫書者賽爾特具以實對且曰
譚泰使啟心郎覺和屬我勿言也譚泰論死下獄睿
親王遣視之且遺之食譚泰曰王若拯我我當何以
報使者以告出之獄優養之五年復原官譚泰負材
氣以功名自憙規時進取不能悉出於正故屢躓屢
起馴致不終不然其勳略方之褒鄂者流無愧也逆

鎮金聲桓據江西叛僭稱豫國公
敕爲征南大將軍統兵進討賊以步騎七萬來禦督諸軍逆
戰數敗之直薄南昌圍其城諸將樹雲梯力攻聲桓
中二矢投水死擒斬其將王得仁南昌及九江南康
瑞州臨江袁州六府皆下移師擊廣東逆賊僭稱惠
國公李成棟成棟時據信豐聞大兵將抵贛謀夜遁
遣諸將倍道邀擊賊衆潰奔成棟溺水死復信豐別
定撫州建昌破僞總兵楊奇盛兵二千有奇餘孽悉
殄江西平凱旋論功晉爵一等子七年
世祖親政授吏部尚書八年復晉一等公爵是時圖賴早卒

矣索尼方罪廢猶毀圖賴塋室御史張煊疏劾大學
士陳名夏下王大臣會勘譚泰袒之於廷議時咆哮
起爭讞上
旨求下譚泰挺身前奏曰煊言皆虛且就所劾論亦事在赦
前煊誣忠臣以死罪應反坐遂殺煊譚泰嘗爲妻弟
岳爾多冒所襲一等子優陞十級爲侯令襲之至是
又妄稱杭州駐防都統員缺欲以女弟之夫佟圖賴
擬補有
旨命廷臣議罪曰譚泰昔在部中尙有爲國之意邇來但務
營私或經朕察出卽厲聲爭論內則徇己之意外則矯旨

而行明知金礪駐防杭州妄稱缺出遂越用佟圖賴且於
六部之事無不把持諸王大臣或懼其威權羣起附和朕
慮遷延日久則干連必多可即行勘問以聞於是會訊譚
泰具服議末上護軍統領鼇拜復劾其黨附睿親王
坐死年五十有八子三唐古哈積功兼遇
恩詔授輕車都尉唐古哈子阿爾稗仕至吏部侍郎工給事
而俄福和以七品官從征殉疆場
卹贈雲騎尉則唐古哈弟之子也
譚布初任佐領天聰五年以護軍參領從
太宗征明圍大淩河城城中出樵采率先邀擊斬二三人擒二

人又同佐領希福等擊敗明錦州援兵崇德三年列十六大臣四年偕薩穆什喀索海等征索倫部取道虎爾哈部攻雅克薩城下之獲丁壯三百餘索倫部長博穆博果爾迎戰擊敗之論功授騎都尉世職

賜貂皮及人戶尋擢副都統坐事罰鍰六年從圍錦州掘長濠守之明總兵祖大壽遣步兵出犯護軍統領噶布喇失利力戰卻其衆騎兵出援又擊敗之斬其材官一明經略洪承疇集衆來援隨兄都統譚泰迎戰破其步兵三營既而敵騎屢犯我右翼軍皆奮擊卻之論功加一雲騎尉八年奉

命同覺善駐守錦州既從鄭親王濟爾哈朗征明甯遠有功

順治元年從入山海關擊敗流賊李自成追至望都

又敗之晉世職二等輕車都尉二年從饒餘郡王阿

巴泰鎮守山東勦平滿家洞賊巢同都統準塔進征

徐州連敗明兵獲船五百餘紅衣礮五十有七進至

淸河明總兵劉澤淸總漕田仰遁遂同準塔定淮安

降附近城邑又勦通州等賊平之論功晉世職一等

加一雲騎尉三年從肅親王豪格征流賊張獻忠有

功六年從端重親王博洛討叛鎮姜瓖圍大同城瓖

潛結賊黨外倚北山犄我軍自以衆出城來犯同護

軍統領鼇拜車爾布等先破賊援還而擊壞斬殪甚
衆壞僅以身免又分兵勦太原平陽汾州賊黨初譚
布以不禁其妻信魘魅術削雲騎尉及大同平論功
又數遇
恩詔晉爵一等男八年擢工部尚書兄譚泰以專擅見法
詔免連坐罷其任尋甄別譚泰任吏部時援
恩詔優加世職降爲三等男康熙四年卒子喀岱襲爵累官
至都統
伊爾德揚古利族子天聰三年
太宗命揚古利率師略明錦州甯遠諸邊境從軍有功復從

大軍征明薄燕京多所斬馘又敗山海關援兵於灤州師還先至木城擒斬明兵守隘者五年
太宗親率師圍大凌河城城中兵突出逆入其陳殪二人都統和碩圖等以兵繼進敵卻追奔至濠乃還又擊監軍道張春援兵敵騎突犯
御營馳斬之旋略地前屯衛以十五人偵緝明哨卒我將領噶思哈爲敵兵所圍危甚卽突入援出之積功授騎都尉世職擢護軍統領崇德二年隨貝勒阿巴泰往築都爾弼城以四百人防護諸工役五年從圍錦州敵兵出戰先衆擊敗之尋隨王貝勒等屯田松山敵

縱牧於野乃設伏烏忻河驅其牲畜以歸敵兵潛襲
我後伏起截敵後我後隊反扼敵前合擊之斬獲無
算以功
特晉男爵旣坐擅離營汛等罪應降削籍產並得
旨寬免以贖論七年從圍錦州敗松山兵來奪我礮者晉爵
一等順治元年駐防錦州二年兼一雲騎尉隨豫親
王多鐸南征與尚書宗室漢岱等統蒙古兵由南陽
趨歸德所招撫甚衆至揚州城北獲戰艦百餘先八
旗都統渡江定南京明福王走蕪湖偕都統阿哈尼
堪等追之敗其靖南伯黃得功軍晉爵二等子六年

與征南將軍譚泰平江西叛鎮金聲桓進勦廣東叛
鎮李成棟於信豐拔其城成棟夜遁馬蹶溺水死分
兵定撫州建昌破僞總兵楊奇盛兵二千餘師旋奉
命統兵勦保定土寇平之論功晉爵一等八年護軍統領鼇
拜許其於
幸南苑時擅令內直員役更番及私減守門護軍額數等罪
坐死籍産
特貸之削所兼世職降一級留任罰鍰尋擢本旗都統明年
三遇
恩詔晉一等伯兼一雲騎尉隨敬謹親王尼堪征湖南敗績

坐褫職籍没時明魯王朱以海爲鄭成功所害餘衆
據浙江舟山十二年
命爲寧海大將軍統兵往勦至則其總兵王長樹毛光祚沈
爾序等方糾衆登岸掠大嵐山遣副都統碩祿古總
兵張承恩引兵趨夏關抵斗門連擊敗之斬長樹等
殲其衆無算自率師攻寧波乘舟趨定海分三路以
進其將陳六御阮師等於海島望江口山下列戰船
以待揮衆進擊大敗之追至衡水洋斬六御等遂取
舟山十四年凱旋
命貝勒杜蘭等郊勞復世爵論功晉一等侯兼一雲騎尉十

五年隨信郡王多尼征明桂王朱由榔自桂陽至盤
江斬其守將進克雲南十八年卒於軍年五十六
賜祭葬如典禮謚襄敏子陀和齊早卒孫巴渾岱襲爵授散
秩大臣康熙十九年任本旗蒙古副都統尋調滿洲
二十七年湖廣裁兵夏逢龍等據武昌叛進攻漢陽
聖祖以荆州將軍辦賊不力
命往代之比至賊平三十年擢本旗滿洲都統三十五年
聖祖親征噶爾丹師至克魯倫河噶爾丹遁以領侍衛內大
臣馬思克爲平北大將軍而巴渾岱與都統齊世參
贊軍務率輕騎追之至巴顔烏蘭噶爾丹已爲我西

路軍所敗
聖祖以噶爾丹敗竄仍未就誅
命統右翼軍進剿聞噶爾丹死乃還尋擢領侍衛內大臣五
十一年
特賜銀二千兩雍正元年卒
賜祭葬如故事謚曰恪恭立碑墓道稱其潔清勤愼專閫宣
勞爲克繩祖武云

吉林通志卷九十

人物志十九　國朝四

希福　帥顏保

索尼　索額圖

額色赫　從子佟濟　額司泰
希佛

鄂屯　安泰

武納格　德穆圖

齊墨克圖

希福姓赫舍里氏先世居都英額再遷哈達天命四年偕兄碩色率所屬來歸後隸滿洲正黃旗

太祖以其通滿漢蒙古文字
命直文館
賜號巴克什巴克什文臣之號猶武臣有札爾固齊若巴圖
魯也文館筦機務專文字之任宰相權輿也後崇德
元年改文館爲内三院有大學士學士
聖祖嘗稱大學士希福范文程甯完我額色赫自
太宗時歷任内院贊理機務勤勞久著擢用其子各一人希
福功名亞文程而夙夜在公不阿權要亦稱賢相云
天聰二年
太宗親征察哈爾令徵兵科爾沁還經土謝圖額駙奥巴止

之日寇騎充斥行將安之即罪譴吾爲若任答曰
君命也其可以死逭耶冒鋒鏑行兩晝夜達大營復奏科爾
沁兵觀望不應
命士謝圖兵出掠掠畢來會
太宗怒復遣壯士八人隨之往趣赴軍期行四晝夜至一小
屯遇敵擊斬三十餘人卒達科爾沁以其兵從征明
年奥巴至
太宗命責讓之奥巴獻駝馬謝罪論功授騎都尉世職八年
奉
命行納幣嘉禮禮成

賜衣一襲尋征明燕京敗敵兵北門外大淩河之役偕都統
譚泰等擊錦州援兵敗之師還敵兵襲我後再擊之
皆敗去晉輕車都尉世職旣改文館爲內三院授國
史院承政旋擢宏文院大學士晉世職二等充繙譯
遼金元三史大總裁請定察治訛言惑衆之例
詔可崇德三年與大學士范文程等請更定部院官制先是
六部都察院理藩院滿洲蒙古漢人每衙門承政各
三四員餘皆爲參政官止二等至是請每衙門設滿
洲承政一員以下酌設左右參政理事官副理事官
詔可時雖以筦機務居內院數銜

命至察哈爾喀爾喀科爾沁諸部編戸口設佐領及頒法律

於蒙古平其獄訟又往來軍前相度形勢示機宜縻

功賞宣

上德意於諸降人還奏未嘗不稱

旨焉順治元年繙譯遼金元三史書成疏進之曰竊稽史册

所載得失之故最詳治亂之機甚隱此惟聖人知之

是以人君政治之得失儒者必悉書無遺意欲敬愼

於今而垂法於後也自古帝王所行之事備載簡編

閱數千載傳至今茲亦云久矣然事雖已往可以詔

今人雖云亡可以鏡世語云善者吾師不善者亦吾

師故御世之聖王未有不法此而行者也遼金雖未混一而遼已得天下半金亦得天下大半至元則混一寰區奄有天下其法令政教亦有可觀者焉

先帝鑒古之心永懷不釋

特命臣等將遼金元三史芟削繁冗惟取其所行善惡得失及征伐畋獵之事譯以滿語繕寫成書臣等敬奉

綸音將遼史自高祖至西遼耶律大石末年凡十四帝共三百七年金凡九帝共一百十九年元凡十四帝共一百六十二年詳錄其有禆益者始崇德元年五月迄

崇德四年六月今敬繕成書以進書入

世祖閲數四賞賚有加時睿親王多爾袞攝政都統譚泰附
之希福頗加譏切又以所得分撥第宅二區相去遼
屬譚泰改撥不從事具譚泰傳會譚泰弟副都統譚
布詣希福希福曰日者大學士范文程以堂餐華侈
語我我對曰吾儕儒臣也非功勳大臣比安得盛饌
若此遂偕往啟攝政王王以予言爲然且曰吾過矣
譚布退以告譚泰因訐之法司坐僞傳王言且誣譖
大臣將搆釁亂政論死王令免死褫罷之以世職行
走七年遇
恩詔晉一等輕車都尉王以前事終惡之革世職並籍其家

八年
世祖親政雪其寃復世職給產仍授宏文院大學士九年充
纂修
太宗實錄總裁官充會試主考官遇
恩詔晉男爵又
特旨以當
太祖
太宗朝忘軀奉使及迎扈后妃轉側兵戈擾攘閒竭盡心力
晉男爵一等又遇
恩詔加一雲騎尉又以定鼎燕京時衆官俱晉秩獨以罷任

未與特晉子爵世襲罔替冬授議政大臣尋卒年六十有四贈太保諡曰文簡立碑墓道紀其功焉子奇塔特襲爵希福更官制議

欽定國史其傳略弗詳豈非以各部院請獨設滿承政示天下不廣乎然制因時立亦無嫌焉爲補載之俾來者有以考當時之制其後滿漢兼設又以見我

國家度越有元之偏任蒙古及色目人

社稷靈長所由億萬年勿替也帥顏保其父子自有傳

帥顏保性寬厚有幹事才康熙元年

聖祖以其父希福與范文程甯完我額色赫並於
太宗時任内院大學士贊理機務勤勞久著宜擢用其子而
文程額色赫子已用爲内院學士
詔希福甯完我子亦以學士用於是長子奇塔特旣襲父子
爵擢帥顔保國史院學士六年教習庶吉士充纂修
世祖實錄副總裁八年擢吏部右侍郎尋出爲漕院總督疏
言淮安爲水陸孔道乃十五里内連設三關其板閘
鈔關與淮安倉之稅戸部差員征收清江廠船料等
稅工部差員征收胥役繁多商人耗費且稽延時日
請以三關額課歸併一關征收則胥役減而商民俱

便疏下部議戸部言淮安倉税應歸併淮安關工部
言清江廠之税爲修造漕船經費宜分征如舊
聖祖以廠税歸併一關亦不致虧課
命九卿科道再議如所請九年疏言淮揚二府屬州縣上年
夏秋被水已奉
旨令督撫察勘災傷分數蠲免額賦其漕糧漕項例不蠲免
而高郵州宿遷桃源鹽城贛榆等縣連歲歉收所有
上年應征及帶征舊欠萬難併征請
敕部議疏下部議及折帶征得
旨高郵等處災傷與他處不同其未完未征漕米仍令帶征

恐小民不能完納以致困苦下部再議蠲免康熙六七兩年未完漕米三萬一千餘石又疏言户部令漕項錢糧俱以制錢收放伏思漕項錢糧非解部交納即納丁濟運以及修造漕船之需與本地支銷者不同且漕糧行月白糧經費領運長途遇淺起剥遇溜添纜所費不貲勢難負錢遠涉應仍准征銀支給疏下部議從之十二年同河道總督王光裕疏言舊例每年漕運全完河工歲修告竣舉劾所屬文武各官以示勸懲至康熙四年部議停止伏思漕糧征兑匪易運解維艱且需多方催儹使如期抵通至黄河頂衝危

險運河旱澇疏濬惟賴經管各官竭力殫心不辭勞
瘁庶河流循軌而漕艘得以飛輓若勤惰罔分恐因
循貽誤請仍遵舊例每年分别舉劾疏下部議行於
是奏薦山東糧道遲日巽河南糧道范周無錫知縣
吳興祚等又劾罷溧陽知縣王錫琯等十三年逆藩
吳三桂遣兵窺江西守禦處
詔率所部往駐旣以安親王岳樂已統師抵南昌
命回任所十七年安親王進征湖廣仍率兵鎭守南昌旋移
鎭吉安十八年疏言吉安各屬衆山連接逆賊盤踞
出沒不時臣令副將色勒許壯猷遊擊章紘等率兵

分堵緊要隘口斷賊糧道相機勦撫别令知府蔣維
藩會同遣官入賊巢宣布
敕旨降僞總兵副將以下五十餘員兵萬餘十九年平南王
尙之信護衛張永祥首告之信跋扈怨望之罪逮繫
勘鞫
詔將軍賚塔以罪不株連諭藩屬
命帥顔保自吉安移兵南雄韶州擇駐要地尋
命回任所二十年内擢工部尙書旋調禮部二十二年以疾
解任二十三年卒年四十有四
賜祭葬如故事子赫奕由侍衞授内務府總管累官至工部

尚書

索尼父碩色大學士希福兄也旣率屬自哈達來歸

太祖以其兄弟父子通滿漢及蒙古文

命直文館與機務並

賜號巴什克又授索尼一等侍衛使出入扈從索尼忠亮有

大節危疑震撼之交毅然不可奪逮事

四朝兩與

末命當時之事史或未詳觀

世祖

聖祖所褒可想見其槪謂之宗臣其亦無愧矣乎哈達嘗以

兵犯界藩城先衆擊敗之從征董夔蒙古援兵大集
立二寨相犄角與譚泰分兵攻之拔其一寨餘一寨
降天聰元年從
太宗攻明錦州遇敵兵千餘從大淩河戸口自料所從裁二
十騎竟襲擊破之旋偵敵甯遠城內兵突出從騎頗
懼獨前搏戰甚力敵敗退追擊至城濠乃返二年
太宗親征喀爾喀徵兵外藩科爾沁不至既
遣希福率壯士八人往趣之
詔與侍衛阿珠祜齎
敕責土謝圖額駙奥巴初奥巴爲台吉入

朝
太祖以貝勒舒爾哈齊孫女妻焉既而屢違約私與明通徵
兵亦不至於是受
方略以行既入其部部人饋特牲麾去之曰爾汗有異心爾
物安可食耶部人以告奥巴方病足居别室心動而
索尼與阿珠祜詣見公主以有
勑遣告奥巴奥巴扶掖至仍佯問曰若爲誰索尼曰
天使也爾有罪義當絶今特以公主故使來餽問耳奥巴語
左右具饌不顧而出奥巴恐使台吉塞冷等請其事
出

璽書示之仍令從者先行奧巴得書大驚令所屬跽請曰汗
獲重罪甚皇懼今寇騎塞路使者卽歸遭侵掠益滋
汗咎請少留索尼曰銜
君命而來宜亟歸報死何足云立起整轡衆環擁之曰汗欲
引罪自謝乃止翼日奧巴以足疾欲令其台吉拜恩
噶爾及桑噶爾賽偕使者入謝索尼曰汝欲解己罪
而使二人行吾豈爲拜恩噶爾輩來耶奧巴乃使人
請曰
上怒我我固應肉袒謝懼不我容耳答曰
皇上覆載如天地汝果引咎入

朝雖有罪必蒙
矜卹保無苦也於是奥巴計決索尼知其誠心悔過乃與阿
珠祜偕其大臣黨阿賴先歸奏
聞俱稱
旨三年從征明至燕京甯遠巡撫袁崇煥等赴援列營城東
南奉
命傳令左翼擊之貝勒豪格先馳入陳敵兵四合矢集如雨
索尼躍馬突入東西馳擊斬殺甚衆拔貝勒於重圍
明年大軍至榛子鎮城中無守者偕文臣達海頒漢
字

詔諭降其民又撫定沙河驛越日拔永平與達海奉
命執黄旗於城上以漢語徧諭軍民城中皆歸順師旋留隨
貝勒阿巴泰等率將士鎮守五年朝鮮使樸蘭英來
朝
賜其王薓以賞薄辭與參領英俄爾岱斥責之懼而拜
命擢吏部啓心郎從圍明大淩河城援兵自錦州至持短兵
欻前逆戰敗之既克錦州奉
命往瀋陽宣布捷音尋率兵偕朝鮮使臣至軍其冬與達海
等奏定元旦朝賀儀制明年從征察哈爾由大同入
明邊取阜臺寨會六部官署工竣

太宗詔同諸啟心郎
諭啟廸諸貝勒俾勤事改過無曠厥官八年授騎都尉世職
仍與學士羅什等日直內院凡宣示
詔令及察審功罪咸稱
旨有
旨以郡王禮祭貝勒岳託吏部尙書阿拜誤以岳託子襲封
郡王傳語都統葉臣事
聞下廷臣議誤傳
詔旨罪以官吏部應連坐罰鍰
太宗曰索尼未經奉

旨豈肯妄言
特命免議其誠結
主知如此崇德八年超授男爵順治元年都統何洛會等訐
告肅親王豪格言詞悖妄王坐廢爲庶人
詔王大臣集衆宣示以索尼忠貞不附王
賜鞍馬二年晉爵二等子是時睿親王多爾衮攝政以既授
子爵不宜復列郎官令解啟心郎任仍理部務先是
索尼諸父希福以不附睿親王爲都統譚泰所搆罷
會譚泰隱匿
詔旨索尼發其事譚泰亦坐削公爵詷有求古琴於索尼者

於庫取漆琴與之譚泰傳言於內庫鼓琴各仍其舊文令僕從捕魚
禁門橋下庫院草長使牧者秣馬院中臚狀劾之下法
司論死睿親王奏從輕典削世爵永不敘用遂坐廢
三年護軍統領圖賴劾譚泰嘗私要以書與有連逮
問事具譚泰傳索尼既昭雪尋復子爵顧終不附睿
親王有所瞻徇遇事多以理爭王由是惡之五年貝
子屯齊訐其崇德八年秋與圖賴等謀立肅親王私
結盟誓罪死有
旨免死削世爵輸贖遣守
昭陵追奪

賞賜八年
世祖躬親大政以前議索尼罪不實
特詔還朝曰朕登大寶索尼精誠自矢克襄洪業貞忠節臣
也復其爵再遇
恩詔晉伯爵予世襲九年
命諸王議功晉一等伯
賜敕免死二次擢內大臣兼議政大臣總管內務府事一旦
起竄謫被
恩遇至於如此知當日左右
世祖必有宏濟艱難瀕死不顧者故曰精誠自矢也而史闕

其事並其功之議於諸王者亦畧弗詳惜哉十七年
應
詔上言十一事一曰小民冤抑有司不爲詳審者宜别爲嚴
察使無壅於上
聞二曰凡犯罪發覺問官以奉有
嚴旨往往不察其情輒加重罪不無枉濫乞
敕法司量情詳審三曰前議福建將士罪在大將軍者止削
一不世襲之騎都尉而所屬將領其子爵男爵乃盡
議革輕重不均有乖懲勸請
敕更正四曰凡開國之臣自騎都尉以上皆有功行間及贊

成大業者所授之職宜予世襲其後非有戰功
恩詔所加不宜給世襲
敕書五曰在外諸藩風俗不齊若必嚴以內定之例恐反滋
擾宜格外寬容六曰近聞大臣勢豪奪據行市奸宄
之徒投託指引以攘貨財請
旨嚴禁七曰今四方商賈擔負捆載來京者多爲旗下大臣
家人短價強買人將畏而不前請察禁八曰諸王貝
勒以及各官私引玉泉山之水爲灌溉致竭泉流請
禁止九曰邊外木植皆商人僱民採伐水運解部故
額稅之外令自售賣使利及商人今聞大臣於採木

之地私行强佔以致商不聊生請禁止十日大臣不
殫力公事惟飾宅第請懲禁十一日五城審事諸官
遇世族富家與窮民搆訟必罪窮民曲意徇私不思
執法請嚴飭無得枉情納賄恣意妄行疏入
世祖以所奏皆實宜申禁
飭部議行十八年正月
世祖不豫越數日大漸
召翰林院學士麻勒吉王熙至養心殿草遺詔立
聖祖爲皇太子並
諭以索尼及蘇克薩哈遏必隆鼇拜四人爲輔政大臣翼日

世祖賓天索尼言於諸王貝勒曰今
大行遺詔命輔佐
沖主自來
國家政務惟宗室協理索尼等皆異姓臣子何以任此
今宜與諸王貝勒共任之諸王貝勒曰
大行惟知四大臣可任故委以政務
詔旨甚明誰敢干焉四大臣其勿讓於是奏知
皇太后盟誓於
大行梓宮之前然後受事尋蘇克薩哈與鼇拜爭事成隙索
尼惡之老矣且有疾康熙六年與輔臣奏請

聖祖親政有頓
詔曰輔政大臣伯索尼自
太祖朝在內院黽勉效力
太宗任以內外大事果而能斷殫厥忠誠及
太宗上賓時重念
皇祖恩遇堅持忠貞之心不惜性命克勤皇家
世祖時亦任以內外大事竭盡純篤以其勳舊大臣夙秉忠
貞堪受重託
遺詔俾令輔政恪遵
顧命夙夜靖共厥績茂焉今既染痾且復年邁宜特加恩寵

以示酬庸之典下王大臣會議晉一等公爵與前所授一
等伯爵並世襲疏以
寵榮逾分悚仄難安陳情辭一等公爵得
旨嘉奬仍令祗遵
成命不必遜辭是年卒
賜祭葬有加禮謚曰文忠以第五子心裕襲一等伯第六子
法保襲一等公長子噶布喇
聖祖因
孝誠仁皇后
推恩所生授一等公爵第三子索額圖官至大學士自有傳

盛矣哉諸子相一上公二伯一赫舍里氏之顯貴卓絶當世天所以報貞臣也而負荷或墜則有人事存焉噶布喇畀官內大臣康熙元年擢領侍衛內大臣十三年封公尋加太子少師二十年卒
賜祭葬如故事謚恪僖
索額圖初任三等侍衛洊遷一等康熙七年授吏部右侍郎八年奏請解吏部任效力
左右仍爲一等侍衛內大臣鼇拜以罪拘禁大學士班布爾善坐黨誅授
國史院大學士兼任佐領九年改三院爲內閣授

保和殿大學士十一年

世祖實錄告成以總裁官加太子太傅十五年同大學士巴

泰杜立德等劾奏內閣票本錯誤改寫草簽請

敕部嚴察情弊於是大學士熊賜履以改寫草簽復毀之罷

歸十八年京察翰林院以侍講學士顧八代隨征稱

職注考曰政勤才長索額圖改注浮躁顧八代坐降

調七月地震左都御史魏象樞陳言

召對奏請重譴索額圖

聖祖謂修省當自朕躬始翼日

召索額圖及衆大臣

諭曰茲者異常地震朕反躬修省力圖挽回
天意爾等亦宜洗滌肺腸公忠自矢且自任用以來家計頗
已饒裕乃全無爲國之心朋比徇私朕聞之已久猶望悛
改未令議罪今所行愈加貪黷一旦發覺國法具在決不
寬宥十九年以疾請解大學士任得
旨卿輔弼重臣勤敏練達自用兵以來翼贊籌畫克合機宜
覽奏情詞懇切著於內大臣處上朝加意調攝以副眷懷
尋授議政大臣初逆藩吳三桂反以謂因撤藩激變
請誅建議之人
聖祖弗許二十二年雲南平

諭大學士明珠等曰吴逆倡亂有謂撤藩所致請誅建議之
人朕若從之則皆含冤泉壤矣先是索額圖之兄噶布喇
任領侍衛内大臣以
册謚
孝誠仁皇后
推恩所生封一等公弟心裕法保分襲父索尼世爵累官至
鑾儀使與内大臣二十二年
諭議政王大臣曰心裕以惰數空班朕交索額圖議處乃止
議罰俸一年又法保亦因惰革退内大臣隨旗行走不思
效力贖罪在外較射爲樂索額圖亦弗教訓且自恃巨富

日益驕縱朕時加訓飭並不悛改著嚴加議處於是議心
裕革鑾儀使佐領一等伯法保革一等公索額圖革
議政大臣太子太傅內大臣佐領
命心裕留一等伯索額圖留佐領二十五年授領侍衛內大
臣時俄羅斯屢犯邊境侵據雅克薩地築城我兵攻
之其汗察罕遣請釋圍
詔許退兵令別遣使來議地界二十八年使至尼布楚
命索額圖等往議議定立碑示久遠事具郎坦傳二十九年
命統盛京吉林科爾沁兵往會裕親王福全於巴林進征噶
爾丹擊敗之烏蘭布通師還以噶爾丹敗遁不率兵

追勦坐褫職
命降四級留任三十五年
聖祖親征噶爾丹由中路進
命領八旗前鋒察哈爾四旗及漢軍綠旗兵前行並經理火
器營事五月
駐蹕什巴爾台以大將軍費揚古西路兵甫至圖拉
詔詢王大臣進兵遲速機宜索額圖言宜緩行以待西路兵
聖祖密諭費揚古截噶爾丹歸路
親統師駐克魯倫河噶爾丹望見
御營大驚奔竄費揚古邀擊於昭莫多大敗其衆

聖祖乃班師三十六年

駕臨甯夏索額圖從

回鑾至船站

命管理水路設站事務是年噶爾丹竄死論隨征功復原級

四十年以老乞休

允之心裕代爲領侍衞内大臣四十一年

聖祖閱河至德州

回鑾

特召索額圖侍皇太子允礽養病德州後一月乃偕還京未

幾心裕以酷斃家人罷前索額圖亦爲家人所訐告

留中四十二年

命侍衛海青等傳

諭曰爾家人告爾之事留內三年朕有寬爾之意爾殊無愧悔議論國事結黨妄行輿國俱係受朕深恩之人若受恩者半不受恩者半即俱從爾矣去年皇太子在德州時爾乘馬至皇太子中門方下即此是爾應死處爾旣罷大學士後復起用並不思念朕恩夫養犬尚知主恩若爾者雖格外加恩亦屬無益朕欲遣人來爾家搜看恐連累者多所以中止若將爾行事指出一端即可正法尚念爾原係大臣朕心不忍但令爾閒住又恐結黨生事著交宗人府

拘禁尋死於禁所後數年皇太子允礽以狂疾廢
詔廷臣曰昔允礽立爲皇太子時索額圖懷私倡議凡服御
諸物俱用黃色所定一切儀制幾與朕相似驕縱之漸實
由於此索額圖誠本朝第一罪人也

額色赫姓富察氏世居訥殷後隸滿洲鑲白旗祖莽
吉圖當
太祖時率部落來歸天聰初額色赫以護軍校數從征討授
兵部理事官九年從征黑龍江有功先還奏捷崇德
三年擢秘書院學士五年齎
敕赴錦州

諭睿親王多爾袞駐兵機宜會都統圖爾格敗明兵於木倫
河以捷還奏六年同大學士范文程剛林及圖爾格
等往訊圍錦州大軍離城遠駐遣兵歸家等狀王貝
勒大臣皆引罪既而明經略洪承疇率眾十三萬援
錦州至松山受
太宗方略往諭諸將還奏敵勢甚眾請濟師
太宗遂統大軍親往擊敗之七年鄭親王濟爾哈朗克錦州
祖大壽降奉
命至軍撫慰降眾八年隨貝勒阿巴泰征明至山東下兖州
偕參領穆成格等奏捷順治元年

世祖定鼎燕京論功授騎都尉世職四年考滿兼一雲騎尉
五年遷刑部啟心郎八年擢
國史院大學士九年充纂修
太宗實錄總裁官會試正考官列議政大臣復充武會試正
考官屢遇
恩詔晉世職至一等輕車都尉十二年加少保兼太子太保
再充會試正考官時方纂輯
太祖
太宗聖訓又奉
詔取經史中忠臣孝子賢人廉吏事蹟語言分類採輯成書

名曰資政要覽並充總裁官十三年

敕使朝鮮鞫獄是年考滿晉太傅兼太子太傅廕一子入監

十五年改

保和殿大學士十六年

詔奬奉職勤勞諸臣晉少師兼太子太師十八年卒於位

賜祭葬如典禮謚文恪子塞色赫襲爵是年冬吏部推陞學

士

聖祖詔曰原任大學士額色赫於

太宗

世祖兩朝效力有年敬慎素著始終克勤職業其子塞色赫

可補内秘書院學士塞色赫亦勤愼累官禮部尚書額色
赫弟曰額司泰自有傳諸父行曰鄂屯曰安泰從子
曰佟濟曰希佛鄂屯安泰亦自有傳佟濟父喀爾喀
馬安泰之兄而孟古愼郭和長子也天聰時以佐領
歷官爲
福陵總管佟濟少從征伐入山海關定燕京皆有功順治十
五年自佐領累官至前鋒參領十七年從征福建以
水師攻鄭成功於廈門斬其參將林登獲戰艦及印
各一旋趨蓋峙山遇敵戰甚厲殉焉
䘏贈騎都尉希佛其弟也初任侍衛坐事褫思以功名自勵

祓用披甲從征福建每戰爲軍鋒與兄同時没於陳
又弟訥泰累官副都統
額司泰事
世祖爲一等侍衛康熙三年擢鑲白旗蒙古副都統九年遷
護軍統領十二年逆藩吴三桂反
聖祖命順承郡王勒爾錦統師往討額司泰參贊軍務會侍
衛阿爾賽自荆州還奏賊由貴州陷沅州總兵崔世
祿降賊澧辰道梗湖以南半入於賊總督蔡毓榮亦
飛章入告因
詔同護軍統領伊爾都齊簡精鋭先發十三年春抵荆州

聖祖以常德長沙爲三楚要地
命與前鋒統領碩岱都統珠滿移守焉而二郡已陷於賊仍
駐荆州未幾賊將劉之復陶繼智率賊萬餘犯宜昌
營江之兩岸總兵徐治都告急自荆州移師往援與
治都等以舟師横江逆擊戰甫交賊潛以三百人登
岸擾我後我分軍擊之敗去獲賊舟三進次岳州界
時三桂據澧州其黨吳應麟廖進忠柯鐸高起隆據
岳州而馬寶胡國柱復率衆二萬自澧州水陸並集
且於陸地設鹿角阻我騎兵與貝勒察尼將軍尼雅
漢定議山岡爲賊門戶令前鋒軍先奪之以扼其吭

令護軍驍騎各軍分路截擊又檄綠營兵奪據城陵磯及七里橋使賊首尾不相顧至期貝勒營鳴角即鳴角以應率前隊戰艦進擊諸軍以次並進鏖戰久之攻毀賊船甚夥殲賊萬餘賊退據七里橋東木柵乃收軍還營是年冬

詔參贊貝勒尚善軍規復岳州值賊勢披猖未能進取久相持十五年春

詔尚善頃安親王岳樂已復萍鄉醴陵進取長沙逆賊吳三桂遣其黨馬寶高起隆自岳州赴援賊勢既分毋坐失機會於是尚善以水陸所部諸軍俾統之進剿賊船列陳洞

庭湖鐵鎖句連堅不可撼自率銳卒攻其北令副都
統路什攻其南兩路夾擊軍士皆銳進不退賊遂大
敗追擊三十餘里賊之據君山者亦遁獲船五十二
僞印五纛仗盔甲無算擒百七十餘人十六年卒於
軍初統師王貝勒數奏敗賊功
詔嘉獎之俟事平議敘十九年大軍凱旋部議王貝勒大臣
等征岳州時退縮不前罪旣病沒應籍家產
聖祖原之額司泰偉幹有雅量卹軍愛民方戰洞庭湖麾纛
直入賊陣賊船環指曰彼髯而修者額司泰也礮矢
叢集如雨夷然不動麾纛進如前手殺數十人賊氣

懾而潰其在軍圖由楚入滇山川要害日諦觀之志
蓋有在既寢疾且飲水一二合猶强自覘事卒之日
軍民各爲位哭奠云
鄂屯孟古愼郭和子也以父任爲佐領天聰五年偕
佐領吳巴海隨副都統蒙阿圖征瓦爾喀進師黑庫
倫及額勒約索降其部衆崇德元年予騎都尉世職
三年任戶部理事官六年大軍圍明錦州其經略洪
承疇率兵赴援我右翼兵與戰於松山失利兩紅旗
及鑲藍旗駐營地爲所奪鄂屯以所屬三十五人守
山巔力戰敵不能勝罷去被

優賞順治元年從睿親王多爾袞入山海關偕參領珠瑪喇
擊敗流賊李自成騎兵追至望都復敗之論功兼一
雲騎尉三年隨副都統巴山等率兵駐防江甯任協
領聞巢縣爲賊襲據即率兵攻復其城六年同提督
張大猷勦六安州山賊陳斬賊渠張福寰先是江甯
設總督漕儲兼理錢法戶部侍郎
詔鄂屯兼任之尋裁仍專任協領三遇
恩詔晉世職一等輕車都尉九年平南將軍金礪以鄭成功
侵據海澄請增兵進勦部議調江甯駐防兵二百往
助於是與理事官額赫納烏庫理率以行至攻海澄

之東壘敵來刼紅衣礮同額赫訥擊卻之旣悉衆十
餘萬來犯三戰皆捷敵毀橋拒守同烏庫理擊潰其
衆先後招降敵兵數千平寨數十師還以功兼一雲
騎尉十六年因老乞休康熙十五年卒子鄂塞襲職

安泰

太祖初任諸王侍衛從
太宗征伐常爲軍鋒所向克捷以功授前鋒侍衛順治元年
從入山海關擊流賊李自成僞總兵唐通敗之追擊
於安肅望都多所斬獲從豫親王多鐸南征擊賊潼
關六戰皆勝移師江南戰勝睢甯縣旋從貝勒博洛

趨杭州擊敗明大學士馬士英兵偕攻湖州府克之
于雲騎尉世職三年從肅親王豪格征四川擊流賊
張獻忠及賊黨何進忠等九戰皆有功擢前鋒參領
五年從征湖廣戰沅州靖州捷者六陳斬總兵擒副
將各一人遇
恩詔晉世職騎都尉坐革明年事白復世職如故尋擢副都
統康熙十二年卒
賜祭葬如故事
武納格姓博爾濟吉特氏世居葉赫後隸蒙古正白
旗性聰敏兼通蒙古文漢文有謀略知

天心東脊以妻子來歸
太祖賜號巴克什驍勇善戰所至輒有功而
太宗時我大安口城爲明兵所攻奪守將跳而免聞即往往
即攻克尤爲世所稱云歲癸丑從
太祖征烏喇其貝勒布占泰詭詞求免
太祖有許其悔過意於是與五大臣並言布占泰反覆難信
兵不可數動宜乘勢滅之比戰甚力烏喇由是平以
功授男爵天命十一年大軍圍明甯遠未下
命分兵攻海中覺華島參將姚撫民擁衆四萬倚島列營鑿
冰十五里爲濠衛以車輴至遽奪其濠口然後進攻

敵敗無所遁殲焉焚所積聚並船二千餘天聰三年
從
太宗征明入龍井關克遵化進薄燕京營城北土城關其督
師袁崇煥率總兵祖大壽來援左翼蒙古兵驟進不
勝率右翼逆戰敗之
賜所俘獲之半犒其軍別攻固安縣克之尋同額駙蘇納等
征察哈爾降其邊境二千戶以歸途次降者窺我兵
少謀叛歸明於是誅其桀黠釋二台吉不殺俘餘衆
八千有奇
太宗頒賞有差而責武納格蘇納殺降奪所給四年以都統

從征明克永平敵兵三千自玉田至擊走之獲馬百
餘自永平略地豐潤還知大安口城不守明兵四千
入據其中亟麾所部以進所謂聞即往往即攻克者
也五年從征明明總兵祖大壽守大淩河城其杏山
守將書約全軍棄城或單騎潛來獲其書以獻因築
壘鑿濠爲久困計所部營城東南
太宗自御營率貝勒阿濟格軍見大壽縱兵出分道圍我所
得臺堡傳
命各都統進擊阿濟格軍先出使者未至武納格軍亦出遂
夾攻之我軍見

御纛高揚勇氣自倍推刃而前殲敵過半自是城中兵不敢

復出

太宗命以阿濟格武納格於大淩河敗敵狀露布瀋陽六年

招撫大同宣化邊境察哈爾部民七年同貝勒阿巴

泰等攻明山海關俘獲人衆牲畜甚夥明兵自後來

襲戰卻之

太宗謂諸貝勒大臣曰武納格數有功今又讓諸軍先行獨

殿後敗敵八臣爲國不當如是耶超晉三等公爵世襲罔

替

賜之敕書八年

太宗率諸貝勒分道征明以蒙古兩翼師與貝勒德格類收
察哈爾內附千餘戶自獨石口越長安嶺至保安州
被
敕書諸貝勒兩藍旗公武納格等會大軍應州所過或攻或
撫均稱
旨既自得勝堡班師遇蒙古逃入陽和者幾五百人收之俾
從征戰喀爾喀部長疏屬自察哈爾來附爲誰何所
賊奏
命以兵百人偵緝斬二十餘級以還九年卒
賜祭葬如典禮子三人幼子廣泰襲爵長曰德穆圖次曰齊

墨克圖
德穆圖初任佐領崇德三年擢戸部承政尋以更定
官制改右參政四年從
太宗征明至松山以雲梯攻其城敵自錦州來援度不能克
棄之還論死
詔從寬罰贖六年兼任副都統隨鄭親王濟爾哈朗圍明錦
州有守郛之蒙古貝勒諾木齊等約降鄭親王令迎
之會明人已覺諾木齊率衆蒙古與戰德穆圖挾諾
木齊子阿桑喜以出大兵克其郛諾木齊始來歸師
還以昔詭言挾諾木齊父子俱出坐褫參政及副都

統籍家產半鞭百以贖論專管佐領事七年隨貝勒
阿巴泰征明自薊州入邊薄燕京至山東明年凱旋
破
優賚順治元年從入山海關破流賊李自成追敗之望都論
功授騎都尉世職二年隨豫親王多鐸擊敗自成於
潼關河南平進兵江南擊明將鄭鴻逵於瓜州偕都
統瑪喇希徇常州再與明將黃斐戰連敗其衆分兵
攻宜興崑山等縣並克之論功兼一雲騎尉復任本
旗蒙古副都統三遇
恩詔晉一等輕車都尉九年卒子霍達襲

齊墨克圖早從征伐崇德三年同參領沙爾虎達等
率蒙古四十八略地甯遠至紅山口遇明兵百八敗
之追斬其裨將二是年弟廣泰隨豫親王多鐸征明
坐違令不前削所襲公爵明年
太宗命齊墨克圖降襲一等男旋偕沙爾虎達等率哨卒至
錦州敵兵五百來追還擊敗之獲馬六十及其大纛
大兵三圍錦州並在行間有功而初圍尤著方我軍
之至敵出城搏戰縱軍橫擊之陳斬十八旣攻明經
略洪承疇步兵三營偕參領吳拜先衆馳擊敵騎來
援復逆擊敗之八年同護軍統領阿爾津哈甯阿等

征黑龍江諸部圍都里屯克之又招降大噶爾達蘇
小噶爾達蘇及能格爾三屯俘獲無算師旋
賜貂皮銀幣尋擢本旗蒙古副都統順治二年諭從入山海
關破流賊功兼一騎都尉併爲子爵三年從定西大
將軍何洛會征陝西叛鎮賀珍分兵破賊黨劉文炳
於浦城珍遁武功追擊之斬獲甚衆五年卒
詔以其子薩哈納襲騎都尉世職仍
命廣泰襲一等男爵念武納格功也

吉林通志卷九十一

人物志二十　國朝五

額爾德尼　庫爾禪族弟哈爾薩

庫拜　葉臣

車爾布　勞薩子程尼　族人固巴察

羅璧　葉克舒

道喇　夏穆善

齊爾格申從弟多尼喀

額爾德尼姓納喇氏世居都英額後隸滿洲正黃旗
世祖時賜其子薩哈連姓赫舍里與大學士希福爲族人云

太祖肇基額爾德尼以文學侍從性聰敏習蒙古文於漢文亦通其義賜號巴克什每從征討能因諸部土俗語言文字傳宣詔令用是降附日多天命三年太祖征明取撫順師還其總督張承蔭自廣甯糾眾來追偕諸將回擊之大敗其眾斬承蔭論功授男爵先是歲己亥太祖欲剏國書命同理事大臣噶蓋製之噶蓋奏蒙古語傳習已久難以更製

太祖謂曰蒙古人讀蒙古文見卽知之我國之語必譯爲蒙古語讀之則未習蒙古語者不能知也奈何以習他國語爲易而以我國語製字爲難耶額爾德尼奏曰更製之義臣等未了故難

太祖曰無難也以蒙古字合我國語於音對者聯綴成字卽可因文見義矣會嘴蓋以事見法遂緣

太祖惜獨製之奏請

裁定頒行於是

制詔章疏不復用蒙古文

國書蓋權輿於此額爾德尼旣卒據滿洲名臣傳而八旗通志謂見法天聰

八年後
存疑
太宗復命儒臣達海庫爾禪等本其義增益之天聰七年
諭文館諸臣曰額爾德尼遵
太祖指授剏造國書乃一代傑出之人今也則亡順治十一
年
世祖追謚曰文成薩哈連累官鑾儀衛冠軍使
庫爾禪姓鈕祜祿氏世居長白山之英額後隸滿洲
鑲紅旗祖賴盧渾故哈達都督攜子索塔蘭及所屬
來歸
太祖嘉之

命索塔蘭尙主生四子庫爾禪其次也幼時
太祖育之宮中性忠直嗜學揆事一衷義理識度過人天命
初
令直文館參預機密四年蒙古喀爾喀五部請盟齎書往蒞
之九年修好科爾沁並稱
旨授佐領免死一次
太宗卽位
命諸貝勒率師征扎魯特部庫爾禪從及凱旋
太宗迎勞諸貝勒將行飲至禮館臣達海宣
旨詢軍事庫爾禪代諸貝勒奏狀言蒙

上天福佑仗
聖主威靈所至克捷天聰元年從諸貝勒征朝鮮國王李倧
遣使請罪偕副將劉興祚往察之倧誓降遂還請
命朝鮮外臣不知其主已降也以兵要於平壤率從騎突出
既出令從者先行自以十騎殿斬追者三人疾馳六
十里伏隘以俟朝鮮騎兵三百踵至驟起擊之斬四
將兵五十餘獲馬百卒達瀋陽既奏捷復齎
敕至軍定誓約留兵鎮義州而還額駙土謝圖汗奧巴私與
明通
太宗嘗遺書責之三年來

朝承
旨與館臣希福申前書意問狀奧巴服罪獻駝馬以謝明年從
太宗征明偕遊擊高鴻中先抵灤州以計啟其城大兵遂入
師旋與諸將留守其夏明監軍道張春等來攻偕佐
領覺善勒兵出戰奪稍踰塹直趣敵中堅敵敗退旋
發礮內擊雉堞摧陷樓焚亟禦之城上敵不能登仍
殪其發礮者久之圍益急都統圖爾格等以援絕突
圍走永平大貝勒阿敏等亦棄永平不守歸而待罪
太宗以在灤州有摧鋒陷陳功

特賞之五年偕副都統石廷柱諭降明總兵祖大壽其冬使
朝鮮申定貢獻之數尋坐語佐領薩穆哈以鑲白旗
貝勒於
上前毀汝我雖爲解汝宜慎之既而薩穆哈罪繫遂以其言
奏及使朝鮮以漢文作書遺其國王又與其侍郎私
語受餽遺獨厚論死
特旨免之六年使往得勝堡與明議和逾期始至和議成得
勝堡人各以物進獻
太宗命語期來見及期不至明年坐逃將劉興祚事並議前
罪劉興祚者明之開原人得罪來降從

太祖克遼東以爲副將領蓋復金三州與庫爾禪友善禄食
婁勀罷陰畜叛志
太宗覺之議加約束庫爾禪頗保明之俄與祚閒逃歸明及
大兵征明陳斬與祚庫爾禪又收斂焉論死初庫爾
禪與達海齊名
賜號巴克什司
國史記注又與達海詳定
國書本
太祖指授文臣額爾德尼所創規模增爲十二字頭
太宗以十二字頭𤔡無圈點上下字雷同無別𭃄學習之於

尋常語言可覩文義得之若人名地名必致錯誤
命著加圈點以分晰之則音義明了於字學更有裨益於是
與達海遵
太宗恉尋繹酌加圈點又以
國書與漢字對音音未全者於十二頭正字之外增添
外字猶不能盡叶者則以兩字連寫切成切音特精
當
國書由是益備而庫爾禪又以漢文書籍教授學者爲
開國儒宗其死也觀過知仁賢於賣友之鄙遠矣又
禮有議親議貴之條五年坐死爲

太宗所特宥而
太祖時嘗
賜敕免死一次當時諸臣惜無援之以請於
朝者悲夫
世祖有天下念其賢勞
詔依一等大臣例
賜產及奴僕官其子瑪喇戶部郎中尋任護軍參領弟庫拜
自有傳哈爾薩其族弟也崇德三年以護軍參領隨
貝勒杜度征明至山東以所部攻海豐縣城先登克
之予雲騎尉世職六年從大軍圍明錦州有松山敵

兵為我軍所誘將戰偕護軍統領希沙夾擊之敗去
進戰於松山之北山及敵兵犯我正紅旗營逆與戰
並勝八年從征黑龍江諸部招降數屯獲舊所叛逃
者百數順治元年從睿親王多爾袞入山海關破流
賊李自成追敗之望都累功晉騎都尉世職兼一雲
騎尉
庫拜庫爾禪弟亦公主出天命三年以護軍校從
太祖征明取撫順凱旋其總督張承蔭以眾躡我軍我軍還
戰卒所部先進陷敵陳擊之敵遽卻去尋從取明瀋
陽遼陽所在有功

太祖嘉之
命管佐領事天聰五年隨副都統蒙阿圖征瓦爾喀進軍額
赫庫倫及額埒𡵨索連戰皆勝手中創仍以衆攻克
一屯授騎都尉世職其秋初設六部
命爲吏部參政八年考滿晉世職輕車都尉是年冬同副都
統巴奇蘭薩穆什喀等征黑龍江諸部俘獲無算又
招降虎爾哈部明年夏凱旋晉世職二等崇德元年
冬
太宗親征朝鮮
命以護軍從明年春朝鮮降所屬護軍喀拜許其征瓦爾喀

時奪取己所護婦女私令步軍出獵捕麂六殺而食之又縱兄子瑪喇多擕士卒隨征
詔下法司應罷任削世職論死得
旨寬免罰鍰罷管佐領事三年更定官制
命爲吏部理事官五年卒子哈爾丹襲職未幾卒
詔以叐子尙堅襲八年隨鄭親王濟爾哈朗征明攻前屯衞敵兵出戰偕副都統覺善敗之順治元年從睿親王多爾衮入山海關破流賊李自成累功晉世職一等擢副都統七年九年三遇
恩詔晉二等男爵尋坐事削

恩詔所加其一等輕車都尉世職改
命其弟頭等侍衛蘇拜與姓瓜爾佳氏者同名襲之旣而尙堅蘇拜先
後卒
詔仍以尙堅子汪古理襲累官至都統
葉臣姓完顏氏兆佳人也後隸滿洲鑲黃旗有機謀
敢戰天命四年從
太祖征明至鐵嶺有蒙古兵助之拒戰擊敗其衆六年從征
遼陽積功授輕車都尉世職
太宗卽位設十六大臣摧與其列佐理鑲紅旗事次於八大
臣天聰元年隨大貝勒阿敏征朝鮮經明邊境夜以

八十八襲其斥堠六所盡俘其衆旣至朝鮮攻義州
城偕佐領艾搏先登晉世職二等尋以兵戍蒙古境
追斬逋逃晉男爵四年
太宗征明將攻永平城
召入御帳授方略卽夜與副都統阿山突薄城下城上矢如
雨注兼燃巨礮會礮裂敵震駭大擾疾樹雲梯騰上
勁卒從者二十四人遂克之
太宗歎爲驍將且
詔諸將後攻城如彼欲先登當共阻止爲國愛惜之晉爵子
擢列八大臣議政

諭政有闕失隨時陳奏對曰臣荷
恩隆重願矢忠忱罄所知入告恐識有未逮耳五年任鑲紅
旗都統從征明大淩河營城西南其總兵祖大壽突
以兵出襲與額駙和碩圖夾擊之殲敵過半七年夏
詔諸貝勒大臣各陳時務時有議攻明山海關者疏言今兵
力已足宜先往大同宣府偵察哈爾聲息近則征之
若已遠遁卽入明內地直趨燕京伐木造攻具進圍
其城城卽未克可以震懾敵人
太宗是之尋隨貝勒岳託攻明旅順口斬獲無算八年隨大
貝勒代善自喀拉鄂博入明得勝堡略大同西至黃

河擊敗朔州騎兵崇德元年隨武英郡王阿濟格征
明旣入邊分兵克安州又合攻寶坻縣拔之冬
太宗征朝鮮以兵攻入其國都二年率步兵助武英郡王征
明皮島乘艦攻島西北斬其總兵沈世魁師還累晉
子爵一等四年偕副都統八人簡諸佐領下兵各三
卒入明邊青山口由太平寨奪青山關七年代貝勒
阿巴泰駐防錦州順治元年
世祖遣諸王討流賊李自成自成走西安奉
命率兵赴山西招撫自饒陽至懷慶所在郡邑悉下賊黨猶
據太原會師攻克之最先後所定州二十七縣百四

十一置官屬撫輯居民民賴以安明總兵李際遇守河南山寨及賊將唐通董學禮擁衆邊關並招降之又徵薦明翰林朱之俊主事胡全才等十二八山西平還至定州有土賊掃地王聚衆刼掠遣兵滅之至

京坐擅拆

禁城牆黜其功不敘

賜銀六百兩明年隨順承郡王勒克德渾代豫親王多鐸統兵江南時大學士洪承疇任招撫其不順命者咨葉臣討之輒奏績其冬自成餘黨一隻虎出沒武昌襄陽荊州諸郡

詔與勒克德渾移師剿之所至皆定三年凱旋
賜黄金三十兩銀六百兩五年卒年六十有三改一等子爲
二等兼一騎都尉長子車爾布襲二等子自有傳第
五子車赫圖襲騎都尉飾終之典或史臣失之
車爾布初任參領崇德六年
太宗親征明錦州隨内大臣宗室錫翰等設伏高橋遇明杏
山潰兵擊之追至塔山俘斬甚衆擢護軍統領明年
秋部議王貝勒大臣圍錦州時徇隱失律罪從坐應
罰鍰
太宗念錦州已降諸將攻圍日久勞苦有功概予寛免順治

元年隨睿親王多爾袞入山海關擊敗流賊李自成
遂同護軍統領阿爾津率前鋒軍追及於安肅敗之
又追敗之望都其冬隨英親王阿濟格追剿自成取
道土默特鄂爾多斯入邊鑿黃河冰濟師所斬馘及
招降賊衆無算明年春師進榆林賊乘夜襲我蒙古
營偕佐領蘇拜往援力戰敗賊軍還遇伏復縱擊卻
之尋同都統伊拜招降附近城邑進圍延安賊悉馬
步出戰偕副都統羅壁逆擊之賊卻遂遁湖廣與護
軍統領鼇拜馳攻安陸獲賊船八十又偕護軍參領
噶達渾追賊九宮山敗其騎兵凱旋擢列議政大臣

累功授騎都尉世職兼一雲騎尉三年隨肅親王豪格征流賊張獻忠於四川數敗賊兵與貝勒尼堪等分徇遵義夔州諸處多所斬獲五年坐征獻忠時護軍統領哈甯阿被圍未及援降世職爲雲騎尉其秋與弟車赫圖分襲父一等子爵由雲騎尉晉二等子明年隨英親王阿濟格討大同叛鎮姜瓖城賊出犯鑲紅旗營卒護軍擊敗之而賊黨自得勝阻馬二路分兵五千至北山逼我軍瓖復卒衆出護軍統領鼇拜擊援賊破之卓爾布偕副都統譚布合兵擊城賊出應者悉殲之七年九年數遇

恩詔晉伯爵十二年冬奉
命同甯海大將軍伊爾德率師征浙江初明魯王朱以海與
其將某侯阮進據舟山大兵逐之入海獲阮進取舟
山至是阮進黨英毅伯阮思總制陳六御等復據舟
山明年師至杭州聞其總兵王長樹王光祚沈爾序
等肆掠大嵐山乃先遣軍於夏關擊敗之追至南斗
門斬長樹光祚爾序及其衆無算旋與伊爾德自甯
波乘舟趨定海分兵三路進攻敵衆萬餘列戰艦二
百以拒麾軍直進不能支遂遁追至衡水洋斬阮思
陳六御擒總兵林德等百餘人悉獲其船礮遣軍進

擣舟山擊沈其船招撫總兵以下數十八舟山平十

四年凱旋

命貝勒杜蘭迎勞郊外論復舟山並前隨征大同功晉一等

伯兼一雲騎尉明年冬奉

命同安南將軍明安達理統兵駐防貴州十六年春

命移駐荆州其秋鄭成功犯江甯與明安達理自荆州下援

敗其都督楊文英於揚子江斬副將一獲其船及器

械十七年還京明年調鑲紅旗蒙古都統康熙三年

以久疾罷七年卒

賜祭葬如故事子莽喀改襲爵車爾布仲弟車楞崇德八年

隨貝勒阿巴泰征明攻寶坻縣毀垣先發拔之累功
兼遇
恩詔授輕車都尉世職仕至副都統
勞薩姓瓜爾佳氏世居安褚拉庫
太祖征瓦爾喀取安褚拉庫路遂來歸後隸滿洲鑲紅旗以
驍勇稱征討所至常爲軍鋒天命六年從克明遼東
功多授輕車都尉世職天聰二年從
太宗征多特羅部明年從
太宗征明薄燕京以前鋒敗敵於德勝門外斬級五十餘獲
馬數十累晉世職一等授前鋒統領四年偕參領圖

圖魯什偵事明邊有俘獲明年秋大軍圍明大淩河城
同都統阿山率兵二百偵敵錦州敗松山援兵二千
陳斬百餘級搴三纛而錦州兵踵至我參領覺善被
圍幾殆急馳入圍中左右突擊圍者悉靡又我佐領
與敵搏戰敵刃幾及縱騎大呼格之並挾以出還奏
御營
太宗親酌金卮以賜旣而明監軍道張春等合兵四萬由小
淩河移營來拒遵
太宗方略率前鋒逆破其營旋與圖魯什往錦州松山偵軍
事斬明兵趨甯遠者十餘人冬率精騎百偵察哈爾

兵所在會已引遁追之踰興安嶺弗及道獲甲帳馬
駝甚夥六年大軍征博羅額爾吉以兵先進獲蒙古
流散者二百餘人
太宗征察哈爾與阿山率百人先驅至喀喇莽奈遇察哈爾
哨卒四追至益圖斬其一而我偵者劉哈爲敵所困
敵可百人以七騎突圍拔之出仍擊敗其衆尋奏察
哈爾汗棄地遠遁
太宗遂自布龍圖旋師明年奉
命與圖魯什等率兵三百略地明甯遠邇西分兩翼突入沙
河斬獲無算八年復略地明錦州松山閒多所俘馘

尋齎書往錦州與明總兵祖大壽懸十三站之山坡而還夏同承政圖爾格率護軍出邊渡遼河沿張古台河駐防以備蒙古扼敵兵

太宗詔之曰嘗見干兵合爲一隊則覺其少分數隊則覺其多可分兵爲二令喀喇沁兵與同駐敵至勞薩前擊圖爾格繼之若敵自渾河内逼度能追及乃與之戰不必遠勞我兵既至敵不能犯先是大軍征明山海關克之匆遽引還僅以哨兵令與圖魯什殿後敵兵數來追以寡擊衆數卻之

太宗召責在軍貝勒大臣奬勞薩等及論駐防功晉男爵

賜號碩翁科洛巴圖魯明年隨貝勒多爾袞收降察哈爾汗
林丹子額哲師還略地明朔州乘夜進敗其羊防口
及甯武關兵遂毁關入略代州進略忻州軍至黑峰
口殲敵哨卒無遺獲其馬崇德元年偕參領吳拜齎
書入明邊
諭其松棚路潘家口諸將復以甲士偵事入明隘口多斬獲
太宗親征朝鮮
命同戶部承政馬福塔以騎兵三百爲賈人裝連夜疾馳襲
之將至國都守將始覺合衆出禦力戰殪其衆國王
李倧遣使迎勞郊外緩我師而遁保南漢城追之城

中兵出戰敗之又殲其援兵二百有奇明年列議政
大臣坐征朝鮮不預設偵諜致李倧潛遁及士卒多
離伍應削爵罰鍰得
旨免削爵三年從征喀爾喀偕都統席特庫等齎書
諭明宣府各官及還坐嘗獲喀爾喀四十餘人收其財物牲
畜縱之去論死
特命宥之其秋隨貝勒岳託征明薄燕京略地山東率前鋒
兵出邊外隘口俘斬甚衆復入自牆子嶺累敗敵兵
獲其馬及礮明兵步騎八千來戰我蒙古阿蘭泰軍
卻偕護軍統領圖賴並馬陷其陳力戰勝之入夜復

襲我營逆擊卻去進破其營追擒敵騎九十斬百七十餘級獲馬百三十有奇晉男爵二等五年同吳拜率兵偵明廣甯入自中後所傍海而南斬級二百獲牲畜其冬坐圍錦州時伏兵高橋縱敵弗擊降世爵削巴圖魯號尋隨鄭親王濟爾哈朗圍明錦州設伏擊敗松山兵獲馬百甲九十其經略洪承疇合兵赴援我師未集卽擊其前鋒敗之諸貝勒軍繼至復合兵以進大敗敵衆於城濠又偵敵塔山之東斬其哨騎明兵退走松山追之見援兵大至遣馳問鄭親王曰敵至且衆若之何坐怯應罰鍰

太宗以是役雖無大功久在行閒勞勣素著且身被重創不
宜復繩其小過
賜敕復世爵及碩翁科洛巴圖魯名號尋任副都統隨睿親
王多爾袞與洪承疇戰錦州没於陳
太宗悼惜之遣内大臣致奠贈子爵
世祖追謚忠毅視一品大臣例立碑墓道旌之子程尼襲爵
順治七年九年三遇
恩詔晉爵一等伯列議政大臣尋隨敬謹親王尼堪征湖廣
與流賊餘黨孫可望戰於衡州陳没
賜祭葬謚誠介

卹贈兼一雲騎尉亦於墓道立碑無子諸父羅璧襲其爵自
有傳有固巴察者勞薩族人也康熙十五年以護軍
參領從征叛鎮王輔臣敗賊虎爾隘嶺進攻平涼距
城八里偽總兵王繼正以衆來拒與戰敗之繼正復
集衆來犯迎擊沒於陳
卹贈雲騎尉初
世祖爲勞薩立碑謂攄忠
太祖
太宗兩朝特紀其功用傳不朽焉程尼讀之未嘗不流涕也
感激酬

恩恤其元不䘏
世祖亦爲立碑稱以捐軀報國有光泉壤蓋
重閔其父子仍世死綏而王言如綍其出如綸一二語褒許
能使天下不自有其生觀程尼可見也至固巴察抑
微矣毋亦有所觀感而欲爭光於家乘耶位有崇卑
致命則一故亦謹而書之
羅璧勞薩弟也同歸
太祖至
太宗時任佐領明將毛文龍遣船四越境采蔘偕折爾德清
善雅賴於新城要之斬六十八獲其船崇德五年從

大軍圍明錦州戰松杏兩山並有功明年復從圍錦州擊敗松山騎兵來刦我紅衣礮者城中出樵採要斬甚衆又設伏木河敗敵明經略洪承疇集兵來援破其步兵三營復受

方略領纛步戰身被八創戰益厲卒敗其衆累功授騎都尉世職順治元年從睿親王多爾袞入山海關破流賊李自成追敗之望都擢副都統明年從追流賊陝西賊據延安府出刦我輜重擊之敗去遂圍其城賊悉步騎出犯偕前鋒統領車爾布擊卻之同都統巴哈納招降鳳翔諸城堡又連與賊戰並捷以功兼一雲

騎尉七年九年累遇
恩詔晋一等輕車都尉十二年兄子程尼徇疆場無嗣襲其一等伯兼一雲騎尉並己所得世職爲二等公有頃卒飾終及子姓襲爵者並未詳
葉克舒姓輝和氏世長尼瑪察部歲庚戌
太祖命額亦都征東海渥集部招諸屯長父泰松阿率所屬來歸葉克舒以佐領轄其衆後隸滿洲正紅旗天命六年從大軍攻明遼陽敵嚴陳以待先衆陷其陳敗之授二等輕車都尉世職沙嶺之役又爲軍鋒多所斬馘晋男爵

太宗嗣位擢列十六大臣天聰五年任兵部承政明年授都
統八年率本旗兵隨大貝勒代善征明入自得勝堡
略地大同取數城西至黄河會兵於朔州其冬考滿
晉爵二等明年
詔貝勒多爾袞征明由大同進兵别遣葉克舒隨貝勒多鐸
營寧遠錦州綴其入援陳斬副將劉應選俘遊擊等
官崇德元年隨武英郡王阿濟格征明入延慶州克
城十有二軍還坐擅殺及軍士多失伍罷都統削爵
仍管佐領事明年
命同承政尼堪率甲士百人會外藩諸部兵征瓦爾喀師出

會甯有朝鮮兵邀我於吉木海進戰斬其平壤巡撫
及兵二千餘既而其哈忙城巡撫總兵及各邊副使
等官以兵繼至擊降之斬馘無算進略瓦爾喀以所
獲牲畜分給隨征諸外藩遣歸所部其冬偕參政星
訥分統左右翼征卦爾察師抵黑龍江俘獲甚夥明
年凱旋
命大臣迎勞尋任兵部右參政四年授副都統與刑部承政
索海征索倫部至雅克薩城攻克之敗其部長博穆
博果爾而還四年復任都統其秋論征瓦爾喀卦爾
察索倫功授騎都尉世職且

賚之坐征索倫時督造監獄不堅俘囚多逸應罰鍰追奪
賜物
太宗以功罪相抵免之旋隨睿親王多爾衮圍明錦州與都
統圖爾格以三百人伏城西南劫其出牧牲畜敵兵
千餘迎戰兵交馬中矢蹶圖爾格馳救之得他馬復
戰斬敵攢刺其墜者數人敵既卻復潛襲我後勒兵
還戰始潰奔晉世職輕車都尉六年坐阿徇睿親王
等遣官兵私歸及離城遠駐罪罰贖其秋隨貝勒杜
度復圍錦州與都統譚泰阿山等掘濠環守擊敗明
經略洪承疇兵於松山明年春

召還先是護軍統領噶布喇以失律
命與都統譚泰馬喇希勘問坐依違應罰鍰及錦州騎兵出
犯我鑲紅旗營頗傷士卒坐備禦失宜復應罰鍰追
奪
賜物賞戰亡士卒之家
太宗命免承勘所坐餘如法司議冬隨貝勒阿巴泰等征明
師至黃崖口與都統譚泰定議分道進遂踰邊薄長
城麾軍先登敵潰走進攻薊州敗其總兵白騰蛟白
廣恩等軍尋遣攻孟家臺我兵三十八陷敵師還下
其事勘訊辨稱敵欲歸順因遣兵招之以致陷敵

太宗以輕進失利又飾詞詭辯論罪罷都統削世職
世祖嗣位命以副都統駐防甯遠及大兵入山海關率兵自
甯遠赴之擊流賊李自成舍騎步戰身被三十一創
戕一目戰彌厲大破賊衆順治二年隨肅親王豪格
征山東時賊渠十餘輩悉據滿家洞憑險爲巢二百
五十有奇與尚書車爾格合兵殲其渠餘寇悉平仍
以土石湮塞諸洞口復授輕車都尉世職旋晉二等
三年授總管鎮守
盛京數遇
恩詔晉男爵十四年以

昭陵總管鍾柰有罪坐不舉劾免官削世爵明年卒康熙二
十三年
聖祖巡行
盛京念爲開國勳臣遣使祭其墓子三長道喇次夏穆
善並有傳又次瑚葉以侍衛從征大同叛鎮姜瓖及
鄂爾多斯部並有功予騎都尉世職十五年從征雲
南擊敗李定國兵晉世職輕車都尉累官護軍參領
道喇初以護軍從征討積功授護軍參領崇德三年
隨貝勒岳託攻明邊城以第二八先登克之五年從
大軍圍明錦州敵兵自松山犯正黃旗營以護軍四

十八擊敗其衆旋攻正紅旗營又敗之多羅特部蒙古蘇班代自明來歸爲取家屬於杏山西五里臺遇敵騎兵擊之卻去順治元年調前鋒參領從大軍擊流賊李自成與前鋒統領鄂碩敗賊將唐通於一片石既入山海關追至安肅敗之復追至望都誘賊與戰賊再敗乘勝追擊斬馘甚衆尋隨都統葉臣征山西師抵汾州偕前鋒參領破賊將白輝累功授騎都尉世職三年賊將李錦等據荆州隨順承郡王勒克德渾討之賊衆潰走五年金聲桓叛江西隨都統譚泰往征五戰皆捷擒僞總兵參將遊擊各一七年睿

親王多爾袞畋中後所道喇坐行列不整論罰鍰九年擢本旗副都統明年潮州總兵郝尚久叛

命同靖南將軍哈哈木率師討之復潮州尋

命統兵於荆州駐防十四年授本旗蒙古都統十六年隨信郡王多尼平雲南明桂王朱由榔奔緬甸元江土司那嵩應由榔據城叛與前鋒統領白爾赫圖等攻克之累功兼數遇

恩詔晉世職一等輕車都尉康熙二年以老乞致仕徙居

盛京

詔許之十二年

聖祖念其效力年久且有功
特加太子少傅二十一年
駕幸盛京
召見
賜坐及茶酒並
優賚之明年卒年八十有一
賜祭葬如故事謚曰襄勤於墓道立碑從孫伊濟納襲職
夏穆善初任親軍侍衞崇德三年從征明薄燕京轉
戰至山東有功五年從圍明錦州與布丹敗其杏山
援兵七年復從圍錦州與沙爾虎達擊敗明經略洪

承疇步軍三營既而承疇兵與我右翼軍戰方酣復
與布丹夾擊敗之武英郡王阿濟格駐軍杏山遣偵
事甯遠既歸道出烏喇峯前甯遠兵六百來追與鄂
碩回擊之敗去順治元年從入山海關擊流賊李自
成又追至安肅望都並有功尋隨豫親王多鐸南征
與布丹五敗流賊於潼關明年從定江南數戰皆捷
三年隨貝勒博洛征福建與敦多戰勝白楓嶺至司
西舖渡口與和託巴音岱等連敗敵兵累功兼遇
恩詔授輕車都尉世職九年順承郡王勒克德渾薨夏穆善
以本旗之王恩遇素厚遂從死有司以

聞
詔加贈一雲騎尉後不爲例於是合爲二等輕車都尉子翔
格色襲夫黃鳥之詩至今哀之夫猶曰君臣分定若
郡縣之天下位亦幾於十等義惟統以一尊然則殉
者亦過矣
朝廷雖旌爲而不復著爲令也有旨哉有旨哉
齊爾格申世居甯古塔以地爲氏
太祖時隨其兄納林率屬來歸卽
命納林轄之爲佐領後隸滿洲鑲白旗納林卒齊爾格申繼
其任率兵鎮達卜遜木城明人攻耀州往援敗之淤

泥河還駐平山海濱鹽徒可千人聚舟將竄乘夜襲之殪其衆明錦州守將來犯木城出戰面被創卒力擊敗去天聰六年

太宗命修蓋州城移八戶實之

命同副都統石廷柱參領雅什塔等率兵駐守積功授騎都尉世職八年以明邊將數誘我新附率數騎於濱海巡緝有七人將渡海明兵以舟迎之既離岸矣涉水射殪爲首及執鳥槍者各一舟中驚亂躍入擒明備禦一及邏卒十三人諜者報有敵舟五十餘泊島下即率兵伏北新渡口以待俄二十餘人入島伐木伏

發盡獲之海中有敵舟已起椗遥呼我逃人也爾其奈我何拏小舟乘浪徑逼其旁躍斬一人擒一擲已舟而返崇德元年甄敘駐防各官獨以擒斬多
賜良馬夏隨武英郡王阿濟格征明宣府薄大同兩戰城下皆捷出延慶州俘人戸牲畜甚夥
世祖踐祚任
福陵總管順治七年遇
恩詔兼一雲騎尉先是齊爾格申從弟多尼喀於崇德七年隨貝勒阿巴泰征明至山東攻萊陽縣先登克其城
賜號巴圖魯授騎都尉世職兼一雲騎尉至是卒無嗣

命齊爾格申並襲爲一等輕車都尉再遇
恩詔晉男爵康熙十二年卒
賜祭葬如故事孫石清襲
聖祖嘗褒齊爾格申性行純良才能稱職蓋非僅以趫勇擅
武功云

吉林通志卷九十二

人物志二十一　國朝六

穆克譚　愛音塔穆

吳巴海　武理堪

吳拜　郎坦

蘇拜子和託　沙爾虎達達爾珠

巴海

穆克譚姓戴佳氏杭㵎人也杭㵎故哈達所部

太祖初哈達未滅隨父率衆來歸授佐領後隸滿洲鑲藍旗數從征伐所向無前

賜號巴圖魯查海胡色叛歸哈達穆克譚同父及兄四追之
父兄並戰沒從子厄爾諾者亦叛往單騎追斬之其
忠於所事如此當時諸部既來歸復懷去志豈誠
恩禮有未洽哉亦所止無常性鳥獸若故厄爾諾雖親不免
此不得以諸葛耶律兄弟各忠所事之義責穆克譚
武人然執歸而請其命於
朝則善之善矣天命元年偕征瓦爾喀方戰孟庫噶哈
敗走而舒賽阿爾虎達陷敵幾被擒亟與燕布里等
縱馬入其陳敵衆披靡遂拔出之師還
太祖治孟庫噶哈罪奪所獲以

賜六年從攻明耀州先登克其城郎
命守之有蒙古人叛去追兵與戰不利獨策騎大呼直進刺
殺叛首海色餘潰散論功授二等男爵世襲
太宗郎位擢十六大臣理本旗事天聰元年從征朝鮮有功
其夏有阿達海者自以奇才不見省叛歸明隨大貝
勒阿敏乘夜疾追阿達海刃傷穆克譚穆克譚亦射
中之五年以本旗兵偕宗室篇古圍明錦州敵兵出
戰先眾馳抵城濠下馬步進將追敵入而已隨之城
上礮矢雨落敵復益兵出力戰殉焉於是穆克譚父
子兄弟並死王事無或遺矣

太宗以舊臣深惜之贈男爵一等順治十三年追謚忠勇立
碑墓道紀其功而父兄之名史氏弗著卒莫得而述
悲夫子三愛音塔穆襲爵自有傳温察以佐領官郎
中那桑阿以五品官從征江西積功予雲騎尉世職
愛音塔穆天聰六年襲父一等男尋益舊轄八戶爲
世管佐領順治元年從睿親王多爾袞入山海關擊
敗流賊李自成其冬隨豫親王多鐸追勦與副都統
沙爾瑚達數敗之至潼關賊來犯者三逆擊並敗去
明年大軍移征江南戰比有功明年隨鄭親王濟爾
哈朗征湖廣時明桂王朱由榔據武岡湖南郡邑半

附之師至寶慶擊其總兵馬進忠王進才走之復其城流賊劉體純附由榔遣其黨袁宗第等列寨於沅州洪江鎮以拒我軍偕尚書阿哈尼堪督兵渡江連破賊寨賊潰去卽偕駐沅州擊敗賊之來犯者當是時由榔所授晉王李定國犯新會平南王尚可喜以兵往援定國擁衆四萬餘列據山峪相持愛音塔穆隨靖南將軍珠瑪喇至廣東進擊大破其衆逐北二十餘里定國遁走先是三遇

恩詔晉爵二等子論功予騎都尉世職合爲一等子兼一雲騎尉康熙十九年卒

賜祭葬如故事子公圖襲爵三十五年隨撫遠大將軍費揚古擊噶爾丹於昭莫多大敗之以功加一雲騎尉合所襲爲伯爵越四年卒

吳巴海姓瓜爾佳氏世居烏喇後隸滿洲鑲藍旗天命三年從

太祖征尼堪外蘭以功授佐領天聰元年從大貝勒征朝鮮與副都統阿山穆克譚等攻義州相繼登其城克之既從

太宗征明錦州敵兵出犯我軍有卻者率所部殿後力戰有功五年偕副都統蒙阿圖征瓦爾喀進兵黑庫倫徇

額勒約索降部衆數千人以還
太宗郊迎宴勞
賜號巴圖魯六年從征察哈爾其汗聞我師入境挈部衆驅
牲畜渡河遁時獨出追亡者遇察哈爾兵五人於路
斬之獲馬十六匹以其馬
賜之從征明旅順口有功奉
命征烏札喇偵敵方漁揠里河令八旗每二旗合爲一分四
路並進遽掩之河濱斬三百餘人獲其輜重七年以
甯古塔所產赴朝鮮會甯城互市道獲瓦爾喀部長
族屬十五人以歸同參領吉思哈率兵三百征東海

虎爾哈部閱年始歸俘獲無算又同佐領荆古爾岱率兵四百再征瓦爾喀降其屯長分得里復收阿庫里尼滿部衆千餘人凱旋
命大臣迎勞即以所獲
賜之九年隨貝勒岳託鎮守歸化城土默特人言其部長博碩克圖之子陰使人喀爾喀與明通岳託議要之慮人多事洩因與阿爾津等四人往而毛罕果洩之喀爾喀人逸去卒追執焉并獲明使者及馬駝百數十毛罕者博碩克圖子乳母之夫也初從土默特來歸既有叛志私稱博碩克圖子爲汗自稱貝勒且殺我

察哈爾降人至是擒斬之又追蒙古逃入俄綽克等斬獲無遺明年授副都統累一等輕車都尉世職崇德元年晉男爵喀木尼漢部葉雷等叛挈妻孥亡去率甯古塔科爾沁兵追之絶大漠數十日無所見見宿雁三射中其一負矢而飛亡何墮往取之得賊營遺火躡蹤疾駛及之於温多獲其妻子葉雷遁入山追圍之說之降不答搦矢射之葉雷亦注矢有狐起於前觸葉雷弓弓墜吳巴海矢至而葉雷殪矣

太宗嘉其功命大臣迎勞晉爵子

賜衣服僕馬莊田

國家勳臣夥矣大都略地攻城佐定天下吳巴海功乃
在招降歸附追逐叛亡耳而亦與五等何哉
締構之始有土尤必有人故其事特重時使然也若夫
天眷所在狐雁亦效其區區之命爲掃除助斯亦奇矣三年
坐隱匿本旗罪人罷副都統任而先以征朝鮮士卒
離次後以歸化士卒盜米並有所坐得
旨寬免及罰贖又嘗奉
命駐鎮甯古塔數年克盡厥職四年卒無子嗣子傳喀襲一
等輕車都尉弟夏色猶子錫漢分襲兩騎都尉
武理堪姓瓜爾佳氏故居義屯父伊爾杜徙居哈達

之費德里哈達未滅時來歸
太祖後隸滿洲正白旗歲癸巳葉赫貝勒布寨糾合哈達烏
喇輝發科爾沁席北卦爾察朱舍里訥殷共九路兵
來侵武理堪奉
命偵敵出東道百餘里將陟嶺羣鴉萬數鳴噪馬前遮不使
進心異之自度或與敵左馳歸以告
太祖謂此必有故不必復往可由查開城出北喀路至呼諾
河覘之薄暮阻河濱敵營河北方會食擒得葉赫一
卒訊之言衆三萬將乘夜渡河踰沙濟嶺以進急攜
之還報卒述前語聞者失色

太祖諭之以意使戒諸將達旦出師武理堪出乃宣言曰九路兵雖衆烏合耳孱不任戰非我輩敵顧其輜重甚夥戰而勝獲必無算且敗此輩再無我兵敵者矣言訖距躍狀若甚喜者衆心亦奮及戰敵衆果潰布寨爲我軍吳談所斬天命四年明兵四路來侵

太祖親統大軍禦之既敗其三路明經略楊鎬以總兵李如柏一軍尚完檄還瀋陽武理堪以勁騎二十爲大軍前哨遇之呼蘭山時敵軍行山麓我軍行山巔即駐馬大呼舉弓稍四顧指麾作號令伏兵狀敵望見驚遽因部勒二十騎橫馳而下敵遂潰追斬四十級獲

馬五十自相蹂躪死者千餘尋卒故以佐領分轄人
戸有征伐則任前鋒統領
太祖追念其功曰武理堪從朕摧鋒陷陳瀕死者數不可忘
也以其長子吳拜襲管佐領事
吳拜生而英勇識度尤過人辭婚
帝室者再糟糠之妻不下堂遠與宋宏爭烈吳拜於此蓋非
僅以武功爵與攀鱗附翼者儕矣年十六從略明撫
順所即先衆陷敵矢中顙不顧軍以有功
太祖愛其材武戒毋恃勇輕敵然每有征伐未嘗不先與敵
角即未有不中傷者從獵多卜顆舒爾黑許有巨熊

突圍騰峻嶺直上

太祖遥見一人躍馬逐之圍衆爲之懼疾聲大呼馬亦懾不進乃下而仰射貫熊以墜

太祖大喜遣侍臣雅孫馳視其人曰必吳拜也既而用膳熊墜所即燔其肉以進

太祖顧謂諸皇子曰朕夙愛吳拜之勇不誠然耶遂授侍衛天命四年從征葉赫負重創力戰不退因攻下其城滅之

賜良馬而明總兵毛文龍誘我新附叛走皮島吳拜巡徼獲八十餘人來誘者先以騎遁追及射殪之還奏即以

賜從征明破敵南壽山授騎都尉世職遼東之定諸將分隸
所獲
所俘有差隸千人者惟一等大臣
太祖以吳拜能繼父志年少立功命視其例十一年蒙古巴
林部貝勒囊努克背盟肆掠從征之我諜者爲敵所
圍馳騎拔之出殲其百人師還有誰何刺殺二人奔
入
禁籞徒手執之其年
太宗卽位欲妻以女吳拜起介胄其言質奏稱
先帝嘗欲降公主於臣臣辭曰臣妻與臣和睦

皇恩不克當今仍乞
諒臣本懷乃止夫額駙至親貴也不以故劍易知俊物非獨
宋宏矣旋列十六大臣佐理鑲白旗事奉
命追蒙古叛人至古爾彌有十五人拒戰既被創矣仍瀝血
馳擊盡殲之
太宗謂諸大臣曰
皇考在日數數嘉許有以也
特予優賚天聰四年大軍取明永平灤州從貝勒阿敏守永
平而灤州被圍率護軍馳援夜襲明步兵營城下者
破之會我灤州守將突圍出阿敏棄永平因隨歸逮

繫以嘗破敵營
命釋之尋授前鋒參領五年從圍大淩河城偵敵錦州六年
從征察哈爾道斬蒙古叛人察哈爾林丹汗渡河奔
土默特部軍還克歸化城撫輯降戶並有功八年征
明大同額駙多爾濟將中軍前鋒統領圖魯什將左
軍而吳拜將右軍明總兵曹文詔迎戰擊敗之與參
領席特庫薩海設伏宣府獲明守備殲其軍復與承
政阿什達爾漢等招察哈爾汗之子額哲及其大臣
來歸九年明屯兵大淩河西偕都統阿山石廷柱圖
賴往擊掠而過之截其歸路然後進戰陳斬副將劉

應選獲游擊曹得功及三守備殲步騎五百餘因克
松山城南臺堡師還又設伏敗敵兵論功晉輕車都
尉率兵駐上都城舊址偵軍事崇德元年偕前鋒統
領勞薩賚書至喜峰口潘家口
諭明守邊將吏邏卒猝至斬二十三人擒二人獲馬十旋從
太宗征朝鮮
命同承政馬福塔以三百人爲軍鋒襲其國都敗拒戰兵數
千國王李倧走南漢城大軍進圍之敵兵來援偕勞
薩擊退二年授前鋒統領列十六大臣議政率將校
赴歸化城迎護我參領丹岱阿爾津等懋遷士默特

者遇明哨卒悉擒斬之三年略明甯遠逼敵兵於濠
塹間驟前擊之殪墜甚衆尋以兵八十人至紅山口
遇明兵斬其裨將二又擊走羅文峪騎兵五百奪其
纛獲馬五十進殲密雲步兵百餘五年偕勞薩略地
明中後所至海濱多所斬獲旋受
太宗方略援圍明錦州大軍別駐要隘擊敗敵兵明年議統
師王貝勒及諸將圍錦州不力罪亦坐罰鍰尋從
太宗征明松山敵兵敗遁未出邀擊坐繫軍中旋
命釋之七年隨貝勒阿巴泰入明邊戰豐潤三河靜海及青
州八年隨鄭親王濟爾哈朗取明中後所前屯衛並

有功任正白旗副都統順治元年從入山海關擊敗
流賊李自成又追敗之望都擢內大臣三年蘇尼特
部長騰機思叛隨豫親王多鐸討之斬獲無算四年
借輔國公鞏阿岱內大臣何洛會率兵駐防宣府先
是累功晉世職一等參至是晉一等子爵數遇
恩詔晉二等伯八年同內大臣羅什博爾輝發英親王阿濟
格謀干朝政晉爵爲侯未幾羅什博爾輝坐諂媚諸
王造言構釁誅牽連削職及世爵籍没家產十五年
世祖念遠事
太祖有戰陳功

詔復一等子爵康熙四年卒年七十
賜祭葬如制謚曰果壯子郎坦襲爵及弟蘇拜並有傳
郎坦年十四任三等侍衛尋從端重親王博洛征叛
鎮姜瓖圍渾源州城濠水可滅頂有銜刀泅水來犯
者以一矢貫其心殪之由是顯名軍中而機謀深遠
善射不足云也師還擢一等侍衛坐父吳拜事罷未
幾
恩授三等侍衛俄復一等康熙二年代父管佐領遷護軍參
領從定西將軍圖海征流寇李來亨等於湖廣破賊
巢擒僞官十數四年襲父一等子爵十二年有邪教

設壇京師明年有劇盜張飛骰遁板城並奉
命獲焉累擢本旗滿洲副都統二十一年
聖祖以俄羅斯數擾黑龍江邊境久踞雅克薩地
命同副都統朋春偕往規度俄羅斯者其始僻處絶遠元太
宗嘗攻降之憲宗遣括其戶口以駙馬琳沁子奇塔
特爲達嚕噶齊鎮守焉季年部長伊番瓦什里玉持
覷外鎮諸王亂以賂樹援鄰國自立爲汗至明世數
有破滅勢寖强矣而中阻朔漠未與中國通其地東
西北皆濱海廣三萬餘里苦寒多不毛者俗獷悍且
貪故横斂於下而法重其威制黔首嬴秦也其雄服

諸種苻秦也勢皆不可終日者也番言惡物奇怪曰羅刹故他國以名其人云

國家既定蒙古遂與之鄰順治九年俄羅斯始侵我東北邊界駐防甯古塔副都統海色率所部擊之戰於烏札拉村失利十一年兵部尚書都統明安達哩統兵自京師至敗之黑龍江明年進攻呼瑪爾城亦有斬獲旋以餉絀班師十五年犯甯古塔邊界都統沙爾虎達擊走之斬獲甚衆十七年復來侵總管巴海同副都統尼哈哩以賊在費雅喀西境卽疾趨使犬部而潛分舟師布江岸賊船踵至合擊之賊敗棄船

登岸走追斬六十餘級獲其船礮巴海沙爾虎達子
也至是郎坦
陛辭
聖祖授以機宜曰俄羅斯侵我邊界發兵進討未獲翦除近
聞蔓延益甚過尼滿恆滚至赫哲費雅喀虞人住所殺掠
不已卿去自所挈參領侍衛護軍外令畢力克圖等五台
吉率科爾沁兵百人甯古塔副都統薩布素率甯古塔兵
八十人往達呼爾索倫先遣人赴尼布楚諭以捕鹿之故
然後詳視陸路近遠傍黑龍江行圍徑薄雅克薩城下勘
其居址形勢度彼必不敢出戰若以食物來餽其受而量

答之萬一出戰姑勿交鋒但率衆還朕別有區畫還時詳視自黑龍江至額蘇里舟行水路既至額蘇里其路直通甯古塔者擇所從參領侍衛同薩布素往視之因

解所衣狐白裘一襲及弓矢以賜既至疏陳雅克薩城可下狀曰從達湖里墨勒根諸邊圍獵而行凡十六日至雅克薩城途間察視地形雖無窮山穹嶺甚險之區而林木叢雜沙結冰堅自興安至雅克薩城略等冬雪之時未可前進夏月雨潦道盡淤泥自輕裝疾行外凡百重載無一能行臣等從黑龍江順流歸十五日至愛渾城其水道自愛渾至雅克薩舟楫無阻兩

岸可牽纜以行自愛渾至黑龍江與松阿里江交匯處馬行可半月程自兩江匯處至雅克薩城馬行可一月程舟行逆流可三月程舟行雖稽時日軍餉及一切重器皆可致於雅克薩昔俄羅斯於烏札拉作木城甯古塔副都統海色擊之失利後復於呼瑪爾立城都統明安達哩攻之不下俄羅斯自是倚以爲重謂安坐無虞臣等以取雅克薩諸城非紅衣礮不可奉天府現存此礮若俟來春冰凍未解遣官至奉天府豫運二十卽可濟用又黑龍江大船四十小船二十四大船逆水遲滯可載糧餉後行若與陸軍應

援則小船爲便應再造小船五十六以給軍須其出
兵事宜及餉用應俟
旨裁定外紅衣礮必趁地凍豫運至湖勒海河口須來春冰
解水陸刻期並發得
旨奏陳攻取俄羅斯所據甚易發兵三千足矣朕意亦以爲
然第兵非善事宜暫停攻取調烏喇甯古塔兵千五百並
造船運礮於黑龍江呼瑪爾二處建木城駐防相機而動
軍糧取諸科爾沁十旗及席北烏喇官屯約萬二千石可
支三年且我兵一至卽行耕種匱乏可無憂黑龍江城距
索倫村不遠五宿可到其間設一驛俟我兵將至精奇里

江令索倫接濟牛羊亦有裨益如此則俄羅斯不得納我
逋逃而彼之逋逃者且絡繹來歸自不能久矣二十二年
擢左翼前鋒統領
命馳驛至甯古塔與彼處將軍等詳察
前旨所言立城置兵諸事以聞既覆奏旋以事罷職二十四
年俄羅斯仍於鄂倫春索倫費雅喀赫哲等邊劫掠
詔以副都統監軍選福建善用籐牌兵四百俾鑾儀使林興
珠臺灣投誠左都督何祐領之偕朋春薩布素統之
往征而林興珠及副都統班達爾沙瑪拉護軍統領
佟寶並參贊軍務師旣行

聖祖遣侍衞關保至黑龍江傳
諭曰兵凶器戰危事古人不得已而用之朕以仁治天下素
不嗜殺卿其嚴戒將士毋違朕旨以我兵馬精强器械堅
利俄羅斯勢不能敵必獻地歸誠爾時勿殺一人俾還故
土宣朕柔遠至意師至杭屋莫先遣使雅克薩城諭其酋
長額里克舍如
旨既薄雅克薩城呼酋長再以
旨諭之額里克舍負固不服因偕諸將環城視其地勢有俄
羅斯四十餘人乘筏自江上流至欲入城遣護軍參
領雅勒泰等往招之降不從且持兵欲鬬雅勒泰直

躍上筏格殺三十餘人獲子女十有五牽筏而還於
是議進攻遣副都統雅欽營門校尉胡布諾等於城
迤南設擋牌土壟仰施弓弩作欲攻之勢遣副都統
温代護軍參領瓦哈納漢軍提督劉兆奇潛進紅衣
礮於城北攻擊而護軍參領博里秋營門校尉烏沙
與何祐翼以神威將軍礮遣副都統雅齊納鎮守達
呼爾提督白克饟戰艦城東南備援截攻至翼日未
下遂令積薪環城三面將焚之其酋長窮迫遣人求
降會諸將議以
皇上體天地好生之心欲德服外國壘玠

諭旨所宜遵奉遂受其降願歸者六百餘人并其器物遣焉令之曰
皇上視天下如一家萬方如赤子不忍輒與勦滅自今以後爾等勿再萌異志額里克舍等唯唯去遣班達爾沙溫代送至額爾古納河其不願去者四十餘人并其妻子安置之又前俄羅斯掠去索倫巴爾虎等處男婦一百六十有奇悉遣歸其所焚城郭廬舍刈其田禾捷聞
聖祖謂大學士勒德渾學士麻爾圖等曰俄羅斯恃其遼遠侵犯邊鄙故遣兵直薄雅克薩城卒以困迫歸降諸將遵

朕命釋之大軍迅速征行破四十年盤踞之俄羅斯於數日閒平雅克薩城官兵殊屬勞苦令暫回吉林烏喇於盛京達呼爾酌量派兵往防至雅克薩城雖已攻取守禦不可疎應於何地永駐官兵此時即當定議因

命勒德渾郎坦與議政王大臣等會議具奏明年理藩院郎中滿丕獲俄羅斯人鄂克順科知復於雅克薩故址用土塊築城嚴守屯田如初具其事以聞

聖祖命郎坦及班達爾沙關保等再以兵往征而

召對於乾清宮曰此行宜慎之至當如前曉以諭旨爾外國人徇利棄命擾我邊疆今大兵復至當速降如不降則盡

誅之若得雅克薩城卽往尼布楚事畢仍旋雅克薩城過冬勿毁其城亦勿毁其田禾俟禾熟收爲我餉

賜銀三百兩遣行師至門第茵集議自厄爾合河分水陸以進而會於查克丹道獲俄羅斯諜者四逼雅克薩城而軍遣使宣前

旨不從而潛出城濠以礮遥擊我師遣護軍參領馬世基擊以龍礮始退遣水軍扼江上流自與班達爾沙雅欽分攻城南北敵避城北紅衣礮不出而出南城逆戰班達爾沙雅欽等擊敗之進逼城下我兵巡邏者復敗其伏兵城南有土阜據之可俯瞰城中夜卒溫代

白克等往取敵已伏兵以守進戰奪之又以夜移軍
濱江築壘城上以礮遮護其地我軍亦飛矢仰射夜
盡而壘成敵乘大霧出爭土阜甚力豫設伏以待夾
擊敗去踰日又以霧出我新壘亦出軍與土阜相應
又敗去而城卒不下集議浪戰無益必斷其水道斷
水道必握長壍而輔以土壘守之敵出合擊不出將
坐斃於是率班達爾沙逼城掘壍敵大恐出死力撓
焉鏖戰四晝夜殪其酋長額里克舍壍壘乃成未幾
敵又出奪城北礮臺守臺兵突出擒二人因擊敗之
自是不復出而我水陸軍長圍亦合度地城南北各

築高臺將施大礮於上碎其城會俄羅斯察罕汗遣

使詣

闕請釋雅克薩圍

聖祖命別遣使來議地界而遣侍衛偕其使至軍

詔諸將釋之退駐查克丹尋還駐甯古塔擢本旗蒙古都統

二十七年奉

命偕班達爾沙領黑龍江兵千五百人往察俄羅斯動靜至

查克丹以輕騎五百疾馳至雅克薩環視其城殘壞

如故惟種田千有餘頃呼其酋長鄂毋色法里等出

責問地界未明違令種田之故瞠無以對翼日督兵

過雅克薩城留屯色沁率數十騎至厄里谷諾徧視
田禾播種室廬無人乃還比至雅克薩營於城下呼
酋長出謂曰往大兵困爾城死亡殆盡因爾察罕汗
遣請釋圍
皇上俯如所請因
命退兵俟爾使者來講地界爾使未至何得擅種田禾因麾
兵刈之投江流以歸二十八年俄羅斯議界使臣費
耀多囉等至尼布楚
聖祖命同領侍衛內大臣索額圖都統佟國綱阿禮奈馬齊
班達爾沙馬喇薩布素等往議

賜上用蟒袍寶刀弓矢櫜鞬鞍馬及綵緞
詔相機以動仍
賜八大龍纛壯其行而索額圖佟國綱馬齊等率兵由陸進
自領水軍與班達爾沙薩布素等由黑龍江進會師
尼布楚城水陸分營兩岸未幾費耀多囉遣其屬官
至我營定期及相會處於是議去我營彼城各五里
許設幃幕見焉是日諸臣具禮服從官錦衣佩刀既
見議我故以里雅那江為界今當仍之費耀多囉不
從議三日未決語意亦寖不遜乃密語索克圖等日
瀕行奉

詔相機以勦今日之事非輔以兵威不可入夜我潛以勁兵渡江伏其近城林谷中天明公等往講從則已不然郎耀兵懼之事必可濟既講至日中猶不決因建所
賜入龍纛令八旗護軍執之擁以眾幟鳴角出沒林谷中費耀多囉等不能測大懼始乞盟相與歃血城下自額爾古納河口以上至黑龍江北岸自格爾必齊河以上至興安嶺抵海爲界既令取費耀多囉移雅克薩城所居俄羅斯種人印文方舟而下至雅克薩城給船具糗糧餉俾歸俄羅斯而毀其城郭廬舍還奏稱
旨還本旗滿洲都統二十九年奉

命偕副都統詔三往額爾古納河口立交界牌道出默爾根
城越興安嶺見俄羅斯屋十數葝有田禾呼其酋長
巴什里問故對去歲尼布楚城長有印文令我等歸
我等力不能移故冒禁暫留此地少種田禾乞大人
憐宥因使毀其屋給資並允刈禾載歸遂踰嶺去至
額爾古納立牌河口石壁上鐫滿漢俄羅斯蒙古里
的諾五種字而還
聖祖於斯訏謨至深遠矣
國初猛將勁卒何往不夷葢以俄羅斯荒大而瘠重勞
師武臣耳而又必使知我兵力既服與和終之斥遠

斯馭夷艮規也已至將不損威使不辱命若郎坦者
蓋亦足多哉是年奉
命偕侍衞赫濟爾亨等平古北口外羣盜三十年
聖祖以噶爾丹肆掠喀爾喀逼我邊境授安北將軍駐防大
同旋奉
詔駐歸化城三十一年擢領侍衞內大臣兼火器營總管列
議政大臣明年授昭武將軍移駐甘州疏言獲哈密
回人輸稅厄魯特者知噶爾丹所在請於來春進兵
下王大臣等議以噶爾丹已遣使乞宥罪止之三十
三年

聖祖以甯夏近賀蘭山爲邊隘要區
命率兵移駐與甘肅提督孫思克分偵噶爾丹及其姪策妄
阿喇布坦搆釁事遇有邊警卽共禦之既聞噶爾丹
將逼圖拉
詔郎坦熟練邊情移兵駐圖拉迎勦尋以圖拉無警還京
賜宴暢春苑仍以領侍衛内大臣與議政明年奉
命往盛京察視邊隘至八虎口疾劇
聖祖遣太醫往視
賜珍藥會其子拉忻使還卽
命馳視父疾且曰朕坐俟回報尋卒年六十有二喪至通州

遣侍衛齎御酒迎奠
賜白馬二匹並祭葬如典禮拉忻襲一等子爵仕至散秩大
臣
蘇拜吳拜弟也年十五從
太祖征蒙古即以功授侍衛兼管佐領事天聰元年從貝勒
多爾袞等征察哈爾降林丹汗子額哲遂入明邊攻
代州明兵自崞縣來援迎戰敗之又敗其伏兵崇德
元年從征朝鮮破敵桃山村三年擢護軍參領從貝
勒岳託征明入自牆子嶺越燕京遇內監馮永盛軍
擊敗之五年從圍明錦州犄敵兵松山杏山間六戰

皆勝偕都統圖爾格設伏烏忻河口多所俘馘敵兵
千餘追襲戰卻之再進再卻之六年復圍錦州敗松
山騎兵又敗明經略洪承疇兵論功予騎都尉世職
兼一雲騎尉七年隨貝勒阿巴泰征明至山東數敗
敵兵攻克樂安昌邑二城八年凱旋晉世職輕車都
尉順治元年從睿親王多爾衮入山海關擊敗流賊
李自成追戰於望都又敗之燕京既定從大軍西勦
自成取道土默特鄂爾多斯入邊鑿黃河冰以濟斬
獲甚夥明年師至榆林賊夜襲蒙古營營潰偕護軍
統領徹爾布往援力戰卻賊旋軍遇伏戰益力賊尸

塡溝壑皆滿進軍延安七戰皆捷自成走湖廣躡追
之至安陸連破賊營斬獲無算三年行護軍統領隨
肅親王豪格征流賊張獻忠敗賊將高汝礪於三寨
山進擊獻忠於西充數敗賊衆旣而我正藍旗軍爲
賊所困偕護軍統領阿爾津亟率兵援之賊大敗去
五年還京遂卽具累功並三遇
恩詔洊晉二等子爵八年以內大臣羅什博爾輝及其兄吳
拜等發英親王阿濟格事晉爵一等兼一雲騎尉亡
何坐附和罷任削爵並籍沒事具吳拜傳又以睿親
王多爾袞之葬私置御用服飾不能舉正及欲移駐

永平曾與密議論死

世祖貰之九年起正白旗副都統十三年擢內大臣十五年

世祖念其戰陣有功復一等男爵尋授領侍衛內大臣

世祖升遐自以蒙

大行厚恩捐軀未報請解官往守

陵寢從之夫先朝舊臣以時請退雖曰明哲保身哉亦事會

宜爾也然或恃寵攬權爲世所側目至有請退不能

者其危機蓋自設矣蘇拜於二者無與徒以之死而

生感深疇曩其心有足悲焉康熙三年卒

賜祭葬如制謚曰勤僖並勒石墓道紀其功子昂安霸襲爵

第三子和託康熙十五年以一等侍衛從撫遠大將軍圖海征陝西叛鎮王輔臣至平涼城北擊輔臣子王繼正敗之奪所據虎山墩十六年從征南將軍穆占泰自湖廣征逆藩吳三桂軍至攸縣擊敗僞將軍王國佐於河岸旋來攻城復敗去十七年戰永興縣河南僞將軍胡國柱馬寶以驍勇名者皆勝之又敗他賊折李橋十九年從征南大將軍賚塔征雲南自廣西進奪石門坎黃草壩敗賊將胡國柄劉起龍直抵雲南城下會三路大軍吳世璠遂滅雲南平累功授騎都尉世職兼一雲騎尉官護軍參領

沙爾虎達姓瓜爾佳氏世居虎爾哈
太祖時從其父桂勒赫來歸隸滿洲鑲藍旗任佐領天命初
從征瓦爾喀部有功授騎都尉世職天聰元年大軍
圍明錦州時任前鋒參領累戰皆捷三年從征明入
紅山口拔遵化抵燕京敗其郭外兵論功晉輕車都
尉數奉
命偕前鋒參領率游騎入明邊往來錦州松山杏山閒俘獲
明偵諜獲軍校一卒十有八牲畜器械甚夥大淩河
之捷明總兵祖大壽降請歸錦州爲內應既而背其
言八年

太宗遣兵略地錦州且遺書大壽慮不能達
召授方略曰至可襲取守烽墩卒付以敕書如無獲即懸書
十三站山坡既以輕騎往未遇敵懸書而歸崇德元年從
征朝鮮敗敵兵南漢城二年列議政大臣
太宗以參領丹岱阿爾津等往土默特懋遷所產慮明兵截
於中途
遣率將校往歸化城護之三年與前鋒統領吳拜率兵八十
至紅山口遇明兵與戰斬裨將二擊走羅文峪騎兵
五百奪其纛獲馬五十又殲密雲步兵百餘四年從
太宗征明率前鋒兵趨義州復至錦州捕伐薪爲炭者取其

牲畜猝遇敵力戰敗之尋入甯遠北界與參領蘇爾
德阿碩布丹先設伏以數騎誘敵敵堅壁不出乃擒
其樵採者以歸論功晉世職二等六年從睿親王多
爾袞圍明錦州坐事應斥
特宥之未幾擢前鋒統領從
太宗征明
賜以上駟使率兵營高橋東界
戒曰爾素日行不逮言今宜自勉如敵敗可於杏山西臺大
路橫截之躡擊勿令入城沙爾虎達既拜
命且曰臣幾曾臨陳誤事耶比戰明兵果潰走卒以截擊不

力敵兵入城者二百餘
太宗使問之曰爾今何辭對曰殺之一死耳宥之當效命疆
場使者以聞乃
赦之降參領立功自贖七年虎爾哈部亂奉
命與珠瑪喇討平之招降喀爾喀木等十屯人戶千餘獲牲
畜無算凱旋
遣大臣迎勞
賜宴及布帛有差順治元年征庫爾喀部落有功又征黑龍
江諸部仍大獲凱旋
世祖遣勞宴如前

賜所獲貂皮諸物從入山海關追擊流賊李自成於陜西明
年隨貝勒博洛取江甯進師杭州所在力戰論功晉
世職一等四年擢副都統駐守東昌時兗州丁維岳
張堯中聚眾攻陷州郡撫臣張儒秀告急馳援之大
破賊眾東郡以平論功兼一雲騎尉五年從征叛鎮
金聲桓於江西有功遷護軍統領列議政大臣六年
河間賊竊發奉
命勦撫賊眾由是解散明年調本旗滿洲副都統晉男爵累
遇
恩詔晉爵一等兼一雲騎尉九年

世祖以吏部於丙次
恩詔加秩過濫削一雲騎尉尋
詔駐防甯古塔十年擢都統仍留鎮守
賜冠服鞍馬十五年俄羅斯犯塞率兵擊走之斬獲甚衆十
六年卒年六十有一喪還
命内大臣等祭奠贈太子太保謚襄壯立石墓道旌其功焉
子巴海襲爵自有傳達爾珠者沙爾虎達族人不知
於屬遠近矣崇德二年從攻明靈壽縣冒石矢樹雲
梯根特因以登己次之遂克其城論功授雲騎尉世
職再遇

恩詔晉輕車都尉世職順治十一年卒子戴察襲職是年從
靖南將軍珠瑪喇征廣東與李定國所部戰與業戰
橫州十五年從信郡王多尼征雲貴叉與定國兵戰
魯噶並有功累晉世職二等十八年卒
巴海沙爾虎達長子初任佐領順治十四年授祕書
院侍讀學士十六年襲父一等男爵
世祖諭吏部曰甯古塔邊疆要地沙爾虎達駐防年久甚得
人心今病沒其子巴海勤愼素著可授甯古塔總管俾代
其父十七年俄羅斯犯邊境同副都統尼哈里等率兵至
黑龍松花兩江交匯處偵賊在費雅喀西境卽疾趨

使犬部界分舟師潜伏兩岸賊船奄至合擊之遽遁
督兵疾追賊棄船登岸走斬六十餘級溺死者甚眾
獲其船礮因招降費雅喀百二十餘戶論功兼一雲
騎尉十八年坐擊俄羅斯時有五船失利不以實
聞削爵及雲騎尉康熙元年
聖祖改總管爲將軍仍以巴海任之十年
詣盛京謁
陵駐蹕愛新召問甯古塔及瓦爾喀虎爾哈人民風俗奏對
甚晰
聖祖嘉之曰朕嚮聞爾賢能今益知爾矣費爾喀赫哲雖服

然其性暴戾當廣布教化多方訓廸俄羅斯尤當加意防禦訓練士馬整備器械毋墮狡計爾膺邊方重任宜時懋勉報朕知遇之恩初邊境有墨爾哲氏累世輸貢至是因

宣

上德招之其長札努喀布克託等願率衆內遷於是請安置於甯古塔附近設佐領四十以札努喀布克託及諸族屬任之分轄其衆號新滿洲十三年冬遂率諸佐領入

覲

頒賚有差

特賜巴海黑狐裘貂朝衣各一襲十四年察哈爾布爾尼作
亂奉
命固守
盛京十七年
聖祖特詔吏兵二部曰宣猷效力臣子之常經晉秩酬庸國
家之大典鎮守甯古塔將軍巴海莅任以來彈壓巖疆展
布偉略實心任事籌畫周詳允爲稱職出其智謀以札努
喀等新滿洲移居甯古塔分佐領授室家咸令得所懷柔
遠人有裨軍國殊屬可嘉應給世職以示鼓勵優賞一等
輕車都尉世襲罔替二十一年疏言巡緝禾濩官兵宜分

別所獲多寡定獎賞之例

聖祖以所奏甚允其非采蔆而孑身採捕他物者不得妄拘

詔部詳議著爲令會

幸吉林回鑾

賜宴並鞍馬等物

諭以吉林兵丁勞苦宜加憐閔

命除捕取諸徭役俾勤耕種二十二年

命移鎮烏喇蓋吉林將軍所由昉焉旋以奏報田禾歉收不

實部議罷任革世職

聖祖特詔巴海遷移新滿洲不可謂無功降世職爲三等輕

車都尉罷將軍任二十三年授本旗蒙古都統列議
政大臣二十五年以疾卒
賜祭葬如典禮子四格襲職